Kauderwelsch
Band 56

Impressum

Klaus Dahmann & Thomas Pusch
Esperanto — Wort für Wort
erschienen im
Reise Know-How Verlag Peter Rump GmbH
Osnabrücker Str. 79, D-33649 Bielefeld
info@reise-know-how.de

5. Auflage 2007

Bearbeitung Christine Brockmann
Layout Svenja Lutterbeck
Layout-Konzept Günter Pawlak, FaktorZwo! Bielefeld
Umschlag Peter Rump
Fotos Klaus Dahmann
Druck und Bindung Fuldaer Verlagsanstalt GmbH & Co. KG, Fulda

ISBN 978-3-89416-246-7
Printed in Germany

Dieses Buch ist erhältlich in jeder Buchhandlung der BRD, Österreichs, der Schweiz und der Beneluxländer. Bitte informieren Sie Ihren Buchhändler über folgende Bezugsadressen:
BRD Prolit GmbH, Postfach 9, 35461 Fernwald (Annerod) sowie alle Barsortimente
Schweiz AVA-buch 2000, Postfach 27, CH-8910 Affoltern
Österreich Mohr Morawa Buchvertrieb GmbH, Sulzengasse 2, A-1230 Wien
Belgien & Niederlande Willems Adventure, www.willemsadventure.nl
direkt Wer im Buchhandel kein Glück hat, bekommt unsere Bücher zuzüglich Porto- und Verpackungskosten auch direkt über unseren Internet-Shop: **www.reise-know-how.de.**
Zu diesem Buch ist ein **AusspracheTrainer** erhältlich, auf **Audio-CD** in jeder Buchhandlung der BRD, Österreichs, der Schweiz und der Benelux-Staaten oder als **MP3-Download** unter **www.reise-know-how.de**
Der Verlag möchte die **Reihe Kauderwelsch** weiter ausbauen und **sucht Autoren**!
Mehr Informationen finden Sie auf unserer Internetseite **www.reise-know-how.de/buecher/special/schreiblust-inhalt.html**

Kauderwelsch

Klaus Dahmann &
Thomas Pusch

Esperanto

Wort für Wort

Kauderwelsch-Sprechführer sind anders!

Warum? Weil sie Sie in die Lage versetzen, wirklich zu sprechen und die Leute zu verstehen.

Wie wird das gemacht? Abgesehen von dem, was jedes Sprachbuch bietet, nämlich Vokabeln, Beispielsätze etc., zeichnen sich die Bände der Kauderwelsch-Reihe durch folgende Besonderheiten aus:

Die **Grammatik** wird in einfacher Sprache so weit erklärt, dass es möglich wird, ohne viel Paukerei mit dem Sprechen zu beginnen, wenn auch nicht gerade druckreif.

Alle Beispielsätze werden doppelt ins Deutsche übertragen: zum einen **Wort-für-Wort**, zum anderen in „ordentliches" Hochdeutsch. So wird das fremde Sprachsystem sehr gut durchschaubar. Denn in einer fremden Sprache unterscheiden sich z. B. Satzbau und Ausdrucksweise recht stark vom Deutschen. Ohne diese Übersetzungsart ist es so gut wie unmöglich, schnell einzelne Wörter in einem Satz auszutauschen.

Die **Autorinnen** und **Autoren** der Reihe sind Globetrotter, die die Sprache im Land selbst gelernt haben. Sie wissen daher genau, wie und was die Leute auf der Straße sprechen. Deren Ausdrucksweise ist nämlich häufig viel einfacher und direkter als z. B. die Sprache der Literatur oder des Fernsehens.

Besonders wichtig sind im Reiseland **Körpersprache, Gesten, Zeichen** und **Verhaltensregeln**, ohne die auch Sprachkundige kaum mit Menschen in guten Kontakt kommen. In allen Bänden der Kauderwelsch-Reihe wird darum besonders auf diese Art der nonverbalen Kommunikation eingegangen.

Kauderwelsch-Sprechführer sind keine Lehrbücher, aber viel mehr als Sprachführer! Wenn Sie ein wenig Zeit investieren und einige Vokabeln lernen, werden Sie mit ihrer Hilfe in kürzester Zeit schon Informationen bekommen und Erfahrungen machen, die „taubstummen" Reisenden verborgen bleiben.

Inhalt

Inhalt

Konversation

Anhang

Vorwort

Du willst quer durch Europa? Durch die ganze Welt? Esperanto hilft dir, wenn es dir nicht reicht, nur von Hotel zu Hotel oder von Campingplatz zu Campingplatz zu reisen. Es hilft dir, wenn du mehr wissen willst, als in Reiseführern steht. Wenn du andere Leute als nur Touris und nochmals Touris sehen und kennen lernen willst; wenn du Kontakt suchst zu Einheimischen, und das nicht nur in Ländern, deren Nationalsprache du beherrschst, sondern überall auf der Welt. Und Esperanto ist mehr. Über Brieffreundschaften und Zeitschriften bekommst du internationale Informationen aus erster Hand, auf Kongressen und Seminaren triffst du Leute aus aller Welt und erfährst so eine Menge über andere Völker und Kulturen.

Dieser Sprechführer gibt dir einen weiten Einblick in die Internationale Sprache. Der Grammatikteil ist vollständig und die Wörterliste am Ende des Buches in Kombination mit den Vor- und Nachsilben so umfassend, dass du ohne weiteres jeden mittelschweren Text verstehen kannst. Der Konversationsteil gibt dir einen Einblick in die Esperanto-Welt und zeigt dir, wie und wo man Esperanto anwenden kann.

Bonvenon al Esperantujo!
Willkommen in Esperantujo!

„Esperanto – was ist das?“

Esperanto versteht sich als eine internationale Sprache, die helfen will, auf breiter Basis die heutigen Sprachbarrieren zu überwinden, indem es als leicht erlernbare Zweitsprache für jedermann zugänglich ist.

Eine einfache Grammatik mit Regeln ohne Ausnahmen, ein Grundwortschatz, der sich zum großen Teil aus international bekanntem Vokabular zusammensetzt, und ein ausgefeiltes Wortbildungssystem lassen stupides Büffeln erst gar nicht aufkommen. Schon nach kurzer Zeit kannst du dich frei und problemlos verständigen.

Als neutrale Zweitsprache will und kann Esperanto die Nationalsprachen weder unterdrücken noch verdrängen, sondern sorgt für deren Gleichstellung und Erhaltung. Niemand soll bevorzugt oder benachteiligt werden. Esperanto wendet sich so gegen die Unterdrückung sprachlicher und kultureller Minderheiten und die gezielte Ausnutzung sprachlicher und kultureller Einflüsse für politische und wirtschaftliche Machtinteressen (Sprachimperialismus). Esperanto versteht sich daher als eine Sprache für die „kleine Frau" und den „kleinen Mann".

Über 100 Jahre Esperanto

Esperanto wurde vor etwas über hundert Jahren von dem jüdischen Augenarzt **Dr. Ludwig L. Zamenhof** (sprich: *Samenhof*) entwickelt. Zamenhof wuchs auf im heute ost-polnischen Białystok, das damals dem russischen Zarenreich angehörte. Die verschiedenen Bevölkerungsgruppen in seiner Heimatstadt – Juden, Polen, Russen, Deutsche und Litauer – hatten sich in ghetto-ähnlichen Vierteln voneinander isoliert. Auseinandersetzungen und Pogrome waren an der Tagesordnung. In dieser Umgebung hatte Ludwig Zamenhof schon als Schüler die Idee zu einer gemeinsamen Internationalen Sprache, da er die Verständigung zwischen Völkern als Voraussetzung für den Frieden in der Welt sah.

Nach jahrelanger Arbeit stellte er im Juli 1887 in Warschau das erste Lehrbuch für die **Internacia Lingvo** unter dem Pseudonym „Dr. Esperanto" vor (**esperanto** = „Hoffender"). Bald wurde **Esperanto** auch als Name für die Sprache selbst übernommen. In den Jahren bis zum ersten Weltkrieg verbreitete sich Esperanto bereits in weiten Teilen Europas. 1889 wurde in Nürnberg die erste Esperanto-Zeitung **La Esperantisto** herausgegeben, 1905 fand der erste Esperanto-Weltkongress in Boulogne-sur-Mer (Frankreich) statt und 1908 gründete sich der Esperanto-Weltbund (UEA). Nach dem Ersten Weltkrieg erlebte die

Esperanto-Bewegung einen großen Zuwachs, besonders in den Reihen der Arbeiterbewegung. Auch in außereuropäischen Ländern verbreitete sich die Internationale Sprache immer mehr.

Der Beginn des Dritten Reiches brachte einen tiefen Einschnitt in die Esperanto-Geschichte. Wegen des pazifistischen, internationalistischen Hintergrundes verboten sowohl Hitler als auch kurze Zeit später Stalin die Internationale Sprache u. a. als „Mittel zur Weltherrschaft des Judentums". Auf beiden Seiten wurden Esperantisten verfolgt und in KZs ermordet. Die bisherige Esperanto-Bewegung, die besonders in Deutschland sehr stark gewesen war, zerbrach. Nach dem 2. Weltkrieg konnte die Bewegung in Europa, u. a. durch die Spannungen zwischen Ost und West, über lange Jahre hinweg nicht die Bedeutung und Stellung zurückgewinnen, die sie einst innegehabt hatte. Besonders im Westen wurde Englisch aus politischen Interessen als Weltsprache propagiert. Trotzdem ist die Esperanto-Sprecherzahl mittlerweile auf weltweit etwa 5 Mio. angewachsen, Tendenz steigend. So besuchten den Weltkongress 1987 in Warschau zum 100-jährigen Jubiläum von Esperanto über 8000 Esperantisten aus aller Welt.

Aussprache & Betonung

Das Esperanto-Alphabet umfasst 28 Buchstaben:

Aa Bb Cc Ĉĉ Dd Ee Ff Gg Ĝĝ Hh Ĥĥ Ii Jj Ĵĵ Kk Ll Mm Nn Oo Pp Rr Ss Ŝŝ Tt Uu Ŭŭ Vv Zz

Jeder Buchstabe wird **immer gleich** ausgesprochen!

Zum Buchstabieren wird an jeden Konsonanten (Mitlaut) ein **o** gehängt, Vokale (Selbstlaute) werden pur ausgesprochen. Beachte, dass **ŭ** kein Vokal, sondern ein Konsonant ist!

Folgende Buchstaben kommen im Deutschen nicht vor oder weichen in der Aussprache vom Deutschen ab:

c	wie „z" in „zehn" (**cent** - hundert)
ĉ	wie „tsch" in „Ma**tsch**e" (**ĉar** - weil)
e	immer offen wie „ä" in „Bär" (**legi** - lesen)
ĝ	wie „dsch" in „**Dsch**ungel" (**aĝo** - Alter)
ĥ	wie „ch" in „Ra**ch**en" (**ĥoro** - Chor)
ĵ	wie frz. „j" in „**J**ournalist" (**aĵo** - Sache)
o	immer offen wie in „N**o**nne" (**koni** - kennen)
r	gerolltes „r" (**rado** - Rad)
s	immer scharf wie „ß" (**kiso** - Kuss)
ŝ	wie „sch" in „Ti**sch**" (**ŝi** - sie)
ŭ	wie engl. „w" in „**w**indow" (**ŭato** - Watt)
v	immer wie dt. „w" in „**w**as" (**voli** - wollen)
z	weiches „s" in „Rose" (**zono** - Gürtel)

Wenn du das **r** nicht rollen kannst, keine Angst. Du wirst auch ohne weiteres mit „deutschem r" verstanden. Achte aber darauf, dass das **r** auch nach Selbstlauten (Vokalen) deutlich hörbar ist:

vorto	Wort
inter	zwischen

Besonders wichtig ist, dass du die Laute **ŝ**, **ĵ**, **ĉ** und **ĝ** in der Aussprache deutlich unterscheidest, denn sonst kommt es oft zu Missverständnissen.

kaŝi	**kaĉo**	**kaĝo**
verstecken	Brei	Käfig
aĵo	**aĝo**	
Sache	Alter	

Das **ŭ** kommt fast nur in den Verbindungen **aŭ** (sprich: „au") und **eŭ** („e" plus ganz kurzes „u", nicht wie dt. „eu" = „oj"!) vor:

haŭto	Haut
ankoraŭ	noch
Eŭropo	Europa

Doppelte Vokale (Selbstlaute) werden getrennt ausgesprochen:

metro-o	**sci-i**	**re-e**	**po-emo**
U-Bahn	wissen	zurück	Gedicht

Betonung

Die Betonung liegt, außer bei einsilbigen Wörtern natürlich, immer auf der **vorletzten** Silbe!

mor-gaŭ	morgen	**ha-vi**	haben
tele-fo-no	Telefon	**adi-aŭ-o**	Abschied

Achte vor allem bei Wörtern auf **-io** auf die richtige Betonung:

Germa-ni-o	Deutschland
fami-li-o	Familie
ra-di-o	Radio, Strahl

Wörter, die weiterhelfen

Mit den folgenden Ausdrücken kommt man schon weiter.

Pardonu, ...	Entschuldige(n Sie), ...

Pardonu solltest du wirklich nur gebrauchen, wenn du offensichtlich störst. Ansonsten sei damit eher sparsam und gehe ein Gespräch auf Esperanto direkt und ungezwungen an.

Ĉu estas ...?	Gibt es ...?
Kie estas ...?	Wo ist ...?

Mit diesen beiden Fragen findest du alles, was du willst. Die Antwort lautet entweder:

Jes / Ne.	Ja / Nein.

Oder:

Jen ...	Hier/da ist ..., voilà!

Das Wörtchen **jen** kann entweder alleine stehen oder mit einem Hauptwort. Eine direkte deutsche Entsprechung gibt es nicht (frz. „voilà"). Manchmal leitet es auch einen ganzen Satz ein und unterstreicht dabei das Unmittelbare oder die Lebendigkeit einer Erzählung:

Jen mi vidis mian amikon.
Voilà ich sah meinen Freund
Da sah ich meinen Freund!

Dankon.	Danke.

Hierauf kann man eventuell noch antworten:

Ne dankinde.
nicht Dank-wert
Bitte sehr.

Artikel

In Esperanto gibt es nur **einen** bestimmten Artikel für alle Hauptwörter in Ein- und Mehrzahl: **la**.

la homo	der Mensch
la lando	das Land
la birdoj	die Vögel

Einen unbestimmten Artikel gibt es nicht, es reicht das bloße Hauptwort.

homo	(ein) Mensch
lando	(ein) Land
birdoj	Vögel

Hauptwörter

Esperanto kennt kein grammatisches Geschlecht. Alle Substantive enden auf **-o**!

(la) arbo	(der) Baum
(la) viro	(der) Mann
(la) suno	(die) Sonne
(la) ino	(die) Frau
(la) demo	(das) Haus

Eigenschaftswörter

Alle Adjektive enden auf **-a**!

bona	gut
bela	schön
juna	jung
nova	neu
granda	groß
forta	stark

Meist – besonders im gesprochenen Esperanto – stellt man sie aber, wie im Deutschen, davor.

Adjektive können vor oder hinter dem Substantiv stehen:

la granda arbo = la arbo granda
der große Baum

Farben

nigra	schwarz	**blanka**	weiß
bruna	braun	**flava**	gelb
blua	blau	**ruĝa**	rot
verda	grün	**griza**	grau
oranĝkolora	orange	**rozkolora**	rosa

Wortfolge im Satz

Die Wortfolge in Esperanto ist vollkommen frei, sofern die einzelnen Satzelemente zusammen bleiben. Also:

Somere mi prenos trajnon al Hungario.
Sommer-Adv. ich werde-nehmen Zug-Akk. zu Ungarn
Im Sommer nehme ich einen Zug nach Ungarn.

oder:

Al Hungario mi somere prenos trajnon.
Trajnon prenos mi al Hungario somere.

Im Alltagsgespräch ist allerdings die erste Variante die gebräuchlichste.

Die Fälle

In Esperanto unterscheidet man nur zwei Fälle, den Nominativ (Wer-Fall) und den Akkusativ (Wen-Fall).

*Im Deutschen kann man sich übrigens eine gute Eselsbrücke bauen mit dem Fragewort „we**n**?".*

Substantive und die dazugehörigen Adjektive erhalten im Akkusativ ein **-n**!

Nom.:	**la juna birdo**	der junge Vogel
Akk.:	**la junan birdon**	den jungen Vogel

Im Plural wird das Akkusativ-**n** hinter das **-j** gehängt:

Mi vidas la junajn birdojn.
Ich sehe die jungen Vögel (wen?).

Die im Deutschen vorkommenden Fälle Genitiv (Wessen-Fall) und Dativ (Wem-Fall) werden durch die Präpositionen **de** (=von) und **al** (=zu) plus Nominativ ausgedrückt:

de la juna birdo	des jungen Vogels
al la juna birdo	dem jungen Vogel

Hier noch ein Satz, in dem alle vier deutschen Fälle vorkommen:

La patro donas la libron de la avo al la infano.
Der Vater gibt das Buch von dem Großvater zu dem Kind
Der Vater gibt das Buch des Großvaters dem Kind.

Umstandswörter

Neben ursprünglichen Umstandswörtern wie z. B.:

jam	schon	**nur**	nur
ankoraŭ	noch	**tre**	sehr
eĉ	sogar	**tro**	zu (sehr/viel)
preskaŭ	fast	**almenaŭ**	wenigstens
ĵus	eben	**plu**	weiter(hin)
tuj	sofort	**hieraŭ**	gestern
baldaŭ	bald	**hodiaŭ**	heute
nun	nun	**morgaŭ**	morgen

werden Adverbien vor allem von Adjektiven abgeleitet.

Abgeleitete Adverbien enden immer auf **-e**!

bona gut (Adj.)	**bone** gut (Adv.)
rapida schnell (Adj.)	**rapide** schnell (Adv.)

Adjektive stehen immer in Bezug zu einem Substantiv, während sich Adverbien meist auf die Handlung (Verb), andere Adverbien, Adjektive oder auch den ganzen Satz beziehen:

Tio estas bona biciklo. Das ist ein gutes Fahrrad.	**Ĝi veturas bone.** Es fährt gut.

La trajno estas rapida.	**Mi vojaĝas rapide.**
Der Zug ist schnell.	Ich reise schnell.

Orts- und Zeitadverbien leitet man insbesondere von Substantiven ab:

hejmo	**hejme**
Heim	zu Hause
mateno	**matene**
Morgen	morgens

Adverbien kannst du auch durch Zusammenziehung mehrerer Wörter bilden:

sur la strato	=	**surstrate**
auf der Straße		
sen helpo	=	**senhelpe**
ohne Hilfe		hilflos

Richtungs-„n“

Ähnlich wie nach Ortspräpositionen unterscheidet man auch beim Ortsadverb zwischen Ort und Richtung, indem man ein Richtungs-**n** anhängen kann:

hejme	**hejmen**
zu Hause	nach Hause
ekstere	**eksteren**
draußen	nach draußen

Steigerung

Adjektive und Adverbien werden gleich gesteigert. Die erste Steigerungsstufe (Komparativ) wird mit **pli ... ol** („mehr ... als") und die zweite (Superlativ) mit **plej ... el** („am meisten ... von/ aus") gebildet.

Ŝi estas pli alta ol vi.
Sie ist mehr hoch/groß als du
Sie ist größer als du.

Ŝi kuras plej rapide el ni ĉiuj.
Sie läuft am-meisten schnell aus wir alle
Sie läuft am schnellsten von uns allen.

Mehrzahl

In den Plural gesetzt werden Substantive und die dazugehörigen Adjektive. Substantive und Adjektive bekommen im Plural hinter das **-o** bzw. **-a** ein **-j**!

la grandaj arboj	die großen Bäume
novaj domoj	neue Häuser
birdoj belaj	schöne Vögel

Fürwörter

Die Personalpronomen lauten auf Esperanto:

mi	ich	**ni**	wir
vi	du	**vi**	ihr
li	er	**ili**	sie (Plural)
ŝi	sie		
ĝi	es	**oni**	man

Li und **ŝi** werden ausschließlich für Personen, teilweise auch bei Tieren, gebraucht, ansonsten benutzt man stets **ĝi**. Die allgemeine Anrede für eine oder mehrere Personen ist **vi**, eine Höflichkeitsform wie das deutsche „Sie" gibt es nicht. Alle Personalpronomen bekommen, ähnlich wie Substantive, im Akkusativ ein **-n**:

Mi amas vin.
Ich liebe dich.

Li salutas nin.
Er begrüßt uns.

Besitzanzeigende Fürwörter

Um aus den persönlichen besitzanzeigende Fürwörter (Possessivpronomen) zu formen, wird, wie zu einem Adjektiv, ein **-a** angehängt:

mia	mein(e,s)	**nia**	unser(e,s)
via	dein(e,s)	**via**	euer(e,s)
lia	sein(e,s)	**ilia**	ihr(e,s) (Plural)
ŝia	ihr(e,s)		
ĝia	sein(e,s)		

Das Possessivpronomen wird genauso behandelt wie ein Adjektiv und bekommt daher auch im Plural ein **-j** und im Akkusativ ein **-n** angehängt:

Miaj musoj ĉasas vian katon.
Meine Mäuse jagen deine Katze.

Rückbezogenes Fürwort (Reflexivpronomen) „si"

Si (= sich) und das dazugehörige besitzanzeigende **sia** (= sein, ihr) beziehen sich stets auf den Satzgegenstand (Subjekt des Satzes). Sie ersetzen **li**, **ŝi**, **ĝi** und **ili**, bzw. deren Possessivpronomen auf **-a**:

Maria lavas sin.
Maria wäscht sich (selbst).

Maria lavas ŝin.
Maria wäscht sie (jemand anders).

Li vidas sian fraton.
Er sieht seinen Bruder. *seinen eigenen!*

Li vidas lian fraton.
Er sieht seinen Bruder. *den eines anderen!*

aber: **Ŝi kaj ŝia (!) frato venis.**
Sie und ihr Bruder kamen.
(„ihr Bruder" gehört zum Subjekt des Satzes)

Ŝi venis kun sia (!) frato.
Sie kam mit ihrem Bruder.
(nur „sie" ist Subjekt des Satzes)

Tätigkeitswörter

Alle Verben enden in der Grundform (Infinitiv) auf **-i**!

esti	sein	**havi**	haben
iri	gehen	**preni**	nehmen
skribi	schreiben	**veni**	kommen
dormi	schlafen	**fari**	tun, machen

Auch der Stamm ist unveränderlich:

mi venas	ich komme
mi venis	ich kam/ich bin gekommen
mi venos	ich werde kommen
mi venus	ich würde kommen

Befehlsform (Imperativ) / Wunschform (Volitiv)

Endung des Imperativs/Volitivs: **-u**

Der Imperativ steht, wie auch im Deutschen, immer ohne Pronomen:

venu!	komm!	**faru!**	tu!/mach!

Mit den folgenden Formen kommst du im Alltagsgespräch voll und ganz aus:

Verwendung in der Gegenwart:	**-as**
in der Vergangenheit:	**-is**
in der Zukunft:	**-os**
Endung der Möglichkeitsform:	**-us**

Die Endungen gelten jeweils für alle Personen:

mi estas	ich bin	**ni estas**	wir sind
vi estas	du bist	**vi estas**	ihr seid
li estas	er ist	**ili estas**	sie sind
ŝi estas	sie ist		
ĝi estas	es ist	**oni estas**	man ist

Der Volitiv (Personalpronomen + Imperativ) drückt den Wunsch oder die Absicht aus:

Ni iru!
Lass uns gehen!

Mi volas, ke vi venu.
Ich will, dass du kommst.

Ŝi telefonas, por ke mi ne vane venu.
Sie telefoniert, für dass ich nicht vergebens komme
Sie ruft an, damit ich nicht vergebens komme.

Auch „sollen" wird mit dem Volitiv ausgedrückt.

Li ne pensu, ke mi amas lin.
Er nicht denke, dass ich liebe ihn
Er soll nicht glauben, dass ich ihn liebe.

Eble ni aĉetu ankaŭ pomojn.
Möglich wir kaufen auch Äpfel
Vielleicht sollten wir auch Äpfel kaufen.

Infinitivkonstruktionen

In Esperanto steht der Infinitiv generell ohne Präposition hinter dem Hauptverb:

Karlo devas labori.
Karlo muss arbeiten.

Mi ne povas kredi tion.
Ich nicht kann glauben das
Ich kann das nicht glauben.

Unpersönliche Konstruktionen

Im Deutschen umschreibt man oft unpersönliche Konstruktionen mit „es": es ist möglich, es regnet, es ist warm, etc. In Esperanto steht hingegen nur das bloße Verb:

eblas ke ...	es ist möglich, dass...
pluvas	es regnet
estas varme	es ist warm

Mittelwörter

Nach einem ähnlichen Schema wie die Verbformen werden auch die Partizipien gebildet:

Endungen des Partizips Aktiv

der Gegenwart:	**-anta**
der Vergangenheit:	**-inta**
der Zukunft:	**-onta**

Endungen des Partizips Passiv

der Gegenwart:	**-ata**
der Vergangenheit:	**-ita**
der Zukunft:	**-ota**

manĝi	essen	
manĝanta	essend	
manĝinta	der gegessen hat	*gegessen-habend*
manĝonta	der essen wird	*essen-werdend*
manĝata	der gegessen wird	*gegessen-werdend*
manĝita	der gegessen worden ist	*gegessen-worden-seiend*
manĝota	der gegessen werden wird	*gegessen-werden-seiend*

Mit Hilfe dieser 6 Partizipien kann man u. a. weitere Zeiten bilden, indem man sie mit den 4 Grundzeiten kombiniert – insgesamt 24 (!) zusätzliche Zeiten also:

(Subjekt) +	**estas** +	**manĝanta(j)**
	estis	**manĝinta(j)**
	estos	**manĝonta(j)**
	estus	**manĝata(j)**
		manĝita(j)
		manĝota(j)

Die Partizipien werden genauso behandelt wie Adjektive und können daher auch ein Plural-**j** und Akkusativ-**n** bekommen.

Die 24 zusammengesetzten Zeiten sind vor allem der Schriftsprache vorbehalten. Im Gespräch kannst du (und solltest du) aber mit den vier Grundzeiten auskommen.

Verhältniswörter

Die wichtigsten Präpositionen lauten:

al	zu (Dativ)	**antaŭ***	vor
de	von(Gen.)	**malantaŭ***	hinter (Ggtl.-vor)
en*	in	**post**	nach (ztl.)
sur*	auf	**ĝis**	bis
sub*	unter	**per**	mit, durch
el	aus	**por**	für
ĉe*	bei, an	**pri**	in Bezug auf
kun	mit	**pro**	wegen
sen	ohne		

** s. „Richtungs-Akkusativ"*

Nach allen Präpositionen steht in der Regel der Nominativ.

Mit **al** und **de** wird auch der Dativ bzw. Genitiv gebildet.

Kun bedeutet eher „in Begleitung mit", während **per** im Sinne von „mittels, mit Hilfe von" verwandt wird:

Mi veturas kun Ina.
Ich fahre mit Ina.

Mi veturas per la aŭto.
Ich fahre mit dem Auto.

Pri steht auch für das deutsche „über" oder „um" im übertragenen Sinne:

Ni parolas pri Elisa.
Wir sprechen über Elisa.

Temas pri ekologio.
Thema-ist über Ökologie
Es geht um Ökologie.

Teilungsartikel „da"

Nach Mengen- und Maßangaben steht der Teilungsartikel **da** (nicht **de**!):

multe da sukero
viel an Zucker
viel Zucker

unu litro da lakto
ein Liter an Milch
ein Liter Milch

multe da homoj
viel an Menschen
„viel Volk"

oder

multaj homoj
viele (einzelne) Menschen
viele Menschen

Notfallpräposition „je"

In Fällen, wo keine andere Präposition passt, gebraucht man **je**, am ehesten zu übersetzen mit „auf" oder „um" im übertragenen Sinne:

vivi je ies kostoj
leben auf jemandes Kosten

je du metroj pli granda
um zwei Meter mehr groß
um zwei Meter größer

Außerdem wird **je** häufig bei der Zeitangabe verwandt:

je la kvara (horo)
zu die vierte (Stunde)
um vier (Uhr)

je kristnasko
zu Weihnachten

Richtungs-Akkusativ

Um im Deutschen zwischen Ort und Richtung klar zu unterscheiden, verwendet man viele Ortspräpositionen mal mit dem Dativ, mal mit dem Akkusativ. In Esperanto ist es ähnlich:

*In der obigen Liste sind diejenigen Präpositionen mit einem Stern gekennzeichnet, bei denen ein Akkusativ-*n *stehen kann.*

Ni kuras en la arbaro.	Wir laufen im Wald.
Ni kuras en la arbaron.	Wir laufen in den Wald.

Einige Präpositionen (z. B. **al** oder **el**) drücken schon von sich aus eine Richtung aus und brauchen daher keinen Akkusativ.

Präpositionen als Vorsilben

Jede Präposition kann auch als eigenständiger Stamm bzw. als Vorsilbe fungieren:

kune	zusammen
sube	unten
antaŭe	vorher
poste	nachher
peri	vermitteln
kunpreni	mitnehmen
alveno	Ankunft
postkuri	nachlaufen
senhelpa	hilflos

Bindewörter

Die Konjunktionen werden genauso verwandt wie im Deutschen:

kaj	und	**aŭ**	oder
sed	aber	**ĉar**	weil, denn
kiam	wenn, als	**se**	falls,wenn
ke	dass	**kvankam**	obwohl
por ke	damit	**tiel ke**	so dass

kaj ... kaj ...	sowohl ... als auch ...
aŭ ... aŭ ...	entweder ... oder ...
ju ... des ...	je ... desto ...

Fragen

Während man im Deutschen bei Entscheidungsfragen einfach den Satz umstellt (Inversion) und ein Fragezeichen dahintersetzt, gibt es in Esperanto einen eigenständigen Fragepartikel **ĉu**, den man voranstellt.

Entscheidungsfragen (Ja-Nein-Fragen)

Die Wortreihenfolge im Satz bleibt gleich:

	Li amas min.	Er liebt mich.
Ob er mich liebt?	**Ĉu li amas min?**	Liebt er mich?

Ĉu kann auch als Konjunktion fungieren und entspricht dann dem deutschen „ob":

Mi ne scias, ĉu li vere amas min.
Ich nicht weiß, ob er wirklich liebt mich
Ich weiß nicht, ob er mich wirklich liebt.

Ergänzungsfragen

Die Fragepronomen für Ergänzungsfragen findest du in der ersten Spalte der Tabellwörter (**ki**-Wörter).

Kio estas tio?
Was ist das?

Kun kiu vi venis?
Mit wem du kamst
Mit wem bist du gekommen?

Ja & Nein

Auf **ĉu**-Fragen antwortet man mit:

jes	ja	oder:	**ne**	nein, nicht

Ne in der Bedeutung von „nicht" steht immer direkt vor dem Wort, auf das es sich bezieht:

Ĉu li dormas?
Ob er schläft
Schläft er?

Jes, li dormas.
Ja, er schläft.

Ne, li ne dormas.
Nein, er nicht schläft
Nein, er schläft nicht.

Ne Lisa posedas la libron, sed Olaf.
Nicht Lisa besitzt das Buch, sondern Olaf.

Lisa posedas ne la libron, sed la filmon.
Lisa besitzt nicht das Buch, sondern den Film.

Merke dir auch folgende Ausdrücke:

ankoraŭ ne	noch nicht
tute ne	gar nicht
entute ne	überhaupt nicht
eĉ ne	noch nicht einmal
ne plu	nicht mehr

Das deutsche „ja, doch, zwar" ist als **ja** in Esperanto eingeflossen. Benutze es wie im Deutschen – als oft ziemlich überflüssiges Füllwort:

Mi ja ne povis scii tion.
Ich ja nicht konnte wissen das
Ich konnte das ja nicht wissen.

Tabellwörter

Die Tabellwörter sind ein in sich abgeschlossenes Wortsystem, das sich aus 14 Bausteinen zusammensetzt und daraus insgesamt 45 Kleinwörter formt.

Diese 14 Bausteine sind nicht zu verwechseln mit den Wortbildungssilben oder dem Wortklassensystem!

Die Wörter der ersten Spalte (**ki**-Wörter) werden sowohl als Frage-, als auch als Relativpronomen verwandt.

Beachte, dass die Wörter der ersten Zeile (**-o**-Wörter) keinen PIuraI bilden können. Sie stehen immer allein als selbständiges Satzelement.

Wörter auf **-u** (zweite Zeile) und **-a** (vierte Zeile) hingegen können ein Plural-**j** bekommen. Beide stehen auch oft vor Substantiven (beachte den feinen Bedeutungsunterschied!):

kiu demo	**kia domo**
welches Haus	was für ein Haus

An Wörter auf **-o**, **-u** und **-a** wird, wie bei Substantiven und Adjektiven, im Akkusativ ein **-n** angehängt (s. Tabelle).

Die Wörter der dritten Zeile (**-e**-Wörter) werden wie Ortsadverbien behandelt und können durch Anfügen eines **-n** die Richtung ausdrücken:

kie	**kien**	**tie**	**tien ...**
wo	wohin	da, dort	dorthin ...

Tabellwörter sind gleichzeitig Wortstämme und können daher auch Endungen bekommen bzw. zur Wortbildung verwandt werden:

tie	**tiea**
da, dort	dortig
nenio	**neniigi**
nichts	zunichte machen
kial	**kialo**
warum	Grund
kiom	**kioma**
wie viel	wie vielte/r

Tabellwörter	**ki-**	**ti-**
	fragend, bezüglich	hinweisend
-o Sache allgemein (Akkusativ)	**kio** was **(kion)**	**tio** das **(tion)**
-u identifizieren, a. Person (Akkusativ) (PIural)	**kiu** welche/r/s wer **(kiun)** **(kiuj)**	**tiu** diese/r/s der/die **(tinn)** **(tiuj)**
-e Ort (Richtung)	**kie** wo **(kien)** wohin	**tie** da, dort **(tien)** dorthin
-a adjektivisch (Akk. u. PI. s. -U)	**kia** was für ein/e	**tia** so ein/e
-el Art und Weise	**kiel** wie	**tiel -** so , auf diese Weise
-am Zeit	**kiam** wann	**tiam** dann
-om Menge	**kiom** wie viel	**tiom** so viel, so
-al Grund	**kial** weshalb	**tial** deshalb
-es Genitiv, Besitz	**kies** wessen	**ties** dessen

ĉi-	**i-**	**neni-**
allumfassend	unbestimmt	verneinend
ĉio alles **(ĉion)**	**io** etwas **(ion)**	**nenio** nichts **(nenion)**
ĉiu jede/r/s **(ĉiun)** **(ĉiuj)**	**iu** irgendein/e jemand **(iun)** **(iuj)**	**neniu** kein/e/r/s niemand **(neniun)** **(neniuj)**
ĉie überall **(ĉien)** überallhin	**ie** irgendwo **(ien)** irgendwohin	**nenie** nirgends **(nenien)** nirgendwohin
ĉia jedwedes	**ia** irgendwie (geartet)	**nenia** keinerlei
ĉiel auf jede Weise	**iel** irgendwie	**neniel** auf keine Weise
ĉiam immer	**iam** irgendwann	**neniam** nie (mals)
ĉiom (da) alles (von)	**iom (da)** etwas (von)	**neniom (da)** nichts (von)
ĉial aus jedem Grund	**ial** aus irgend einem Grund	**nenial** aus keinem Grund
ĉies jedermanns	**ies** jemandes	**nenies** niemandes

„ajn"

Besonders nach **ki**-Wörtern, aber auch nach **ĉi**- und **i**-Wörtern kann man **ajn** setzen, was die Unbestimmtheit bzw. Beliebigkeit noch unterstreicht. Es entspricht etwa dem Deutschen „auch immer, auch nur, irgend-".

Kio ajn okazu, mi estas preta.
Was auch-immer geschehe, ich bin bereit
Was auch immer geschehen mag, ich bin bereit.

Iu ajn frapas al la pordo.
Jemand-irgend klopft an die Tür
Irgendjemand klopft an die Tür.

„ĉi"

Vor allem in Verbindung mit den Tabellwörtern gebraucht man **ĉi** zur Bezeichnung des Näheren, Näherliegenden. Es kann voran- oder nachgestellt werden oder wird mit Bindestrich mit dem folgenden Wort verbunden.

tie	da, dort
ĉi tie/tie ĉi	hier
ĉio	alles
ĉi ĉio/ĉio ĉi	das alles (hier)
momento	Moment
ĉi-momente	in diesem Moment

Zahlen & Zählen

Um bis zu einer Million zählen zu können, brauchst du nur 14 Zahlen zu lernen:

0	**nul**	10	**dek**
1	**unu**	100	**cent**
2	**du**	1 000	**mil**
3	**tri**	1 000 000	**miliono**
4	**kvar**		
5	**kvin**		
6	**ses**		
7	**sep**		
8	**ok**		
9	**naŭ**		

Ab 10 werden die Zahlen einfach zusammengesetzt:

11	**dek unu**	20	**dudek**	200	**ducent**
12	**dek du**	30	**tridek**	300	**tricent**
13	**dek tri**	40	**kvardek**	400	**kvarcent**

und so weiter...

Komplexere Zahlen kannst du nach folgendem Schema bilden:

Tausender - Hunderter - Zehner - Einer

1887	**mil okcent okdek sep**
1990	**mil naŭcent naŭdek**

Ordnungszahlen

Zur Bildung der Ordnungszahlen wird ein **-a** angehängt:

erste (r/s)	**unua**	**(1-a)**	
zweite (r/s)	**dua**	**(1-a)**	
dritte (r/s)	**tria**	**(3-a)**	usw.

Ordnungszahlen werden behandelt wie Adjektive. Als Adverb (mit Endung **-e**) kannst du sie auch bei Aufzählungen benutzen:

Unue direndas ke ..., due ...
Erstens sagen-nötig (Präs.) dass..., zweitens ...
Erstens ist zu sagen, dass..., zweitens ...

Bruch-, Sammel- & Vervielfältigungszahlen

Bruchzahlen werden mit der Nachsilbe **-on**, Sammelzahlen mit **-op** und Vervielfältigungszahlen mit **-obl** gebildet:

duona	halb	**triona**	drittel
duope	zu zweit	**triope**	zu dritt
duobla	doppelt	**triobla**	dreifach usw.

Zeitangaben

Im Folgenden nun das Wichtigste zum Thema Zeit & Co.

tempo	Zeit	**dato**	Datum
jaro	Jahr	**sezono**	Jahreszeit
monato	Monat	**semajno**	Woche
tago	Tag	**nokto**	Nacht
horo	Stunde	**minuto**	Minute

Grobe Zeitangaben werden häufig als Adverb ausgedrückt:

tage	am Tag	**nokte**	nachts
mateno	Morgen	**matene**	morgens
tagmezo	Mittag	**tagmeze**	mittags
vespero	Abend	**vespere**	abends

Ansonsten benutzt man auch die Präpositionen **dum** („während"), **en** oder den Akkusativ:

dum la jaro	während des Jahres
en la semajno	in der Woche
la lastan tagon	am letzten Tag

Uhrzeit

La kioma (horo) estas?
Die wie-vielte (Stunde) ist
Wie viel Uhr ist es?

Zeitangaben

Estas la unua/dua/tria (horo).
Ist die erste/zweite/dritte (Stunde)
Es ist ein/zwei/drei Uhr.

Estas tagmezo kaj dudek (minutoj).
Ist Tagmitte und zwanzig (Minuten)
Es ist zwanzig nach zwölf (Uhr mittags).

Je la kioma (horo) komenciĝas la filmo?
Um die wie-vielte (Stunde) beginnen-wird der Film
Um wie viel Uhr beginnt der Film?

Je kvarono antaŭ/post la dudek-unua (horo).
Um vier-tel vor/nach der zwanzig-ersten (Stunde)
Um viertel vor/nach neun (Uhr) abends.

Datum

Estas la dudek-tria (23-a) de junio 1990.
Ist der dreiundzwanzigste von Juni 1990
Es ist der 23. Juni 1990.

La okan de majo mi venos.
Den achten von Mai ich kommen-Fut.
Am 8. Mai komme ich.

Wochentage	
lundo	Montag
mardo	Dienstag
merkredo	Mittwoch
ĵaŭdo	Donnerstag
vendredo	Freitag
sabato	Samstag
dimanĉo	Sonntag

Monate			
januaro	Januar	**julio**	Juli
februaro	Februar	**aŭgusto**	August
marto	März	**septembro**	September
aprilo	April	**oktobro**	Oktober
majo	Mai	**novembro**	November
junio	Juni	**decembro**	Dezember

Jahreszeiten

printempo	Frühling
somero	Sommer
aŭtuno	Herbst
vintro	Winter

Wortbildung

Wie du gemerkt hast, lassen sich fast alle Wörter in Esperanto anhand ihrer Endungen in die verschiedenen Wortklassen einordnen:

Wortklassensystem

-o	Hauptwort (Substantiv, Grundform)
-a	Eigenschaftswort (Adjektiv,Grundform)
-e	Umstandswort (Adverb, Grundform)
-i	Tätigkeitswort (Verb, Grundform)

Auch ursprünglich endungslose Wortstämme (Tabellwörter, Wortbildungssilben, Präpositionen etc.) kannst du problemlos durch Anhängen einer dieser Endungen in das Wortklassensystem integrieren:

kial-o	**et-a**	**per-i**
warum-Subst.	*Verklein.-Adj.*	*mittels-Verb*
Grund	klein, gering	vermitteln

Grundsätzlich haben alle Wörter des Wortklassensystems eine bestimmte Ausgangsform, die du im Zweifelsfall in der Wörterliste im Anhang nachschlagen kannst. Z. B.:

dom-o	Haus
aer-o	Luft
nov-a	neu
vol-i	wollen

Du kannst nun die Wortklasse ändern, indem du die Ausgangsendung einfach wegstreichst und an den übriggebliebenen Wortstamm die gewünschte Endung anfügst. Achte aber auf die genaue Bedeutung!

idiot- (Stamm)	**idiot-a** idiotisch	**idiot-e** idiotischerweise	**idiot-i** spinnen
aer- (Stamm)	**aer-a** Luft-	**aer-e** in der Luft	**aer-i (=esti aero)** Luft sein!
merke:	**aer-umi*** lüften		

nov- (Stamm)	**nov-o** Neues	**nov-e** neu (Adv.)	**nov-i (= esti nova)** neu sein
merke:	**nov-eco*** Neuheit	**nov-aĵo*** Neuigkeit	**nov-igi*** erneuern

vol- (Stamm)	**vol-o** Wille	**vol-a** willens (Adj.)	**vol-e** willens (Adv.)
merke:	**vol-ado*** (das) Wollen	**vol-anta*** wollend	**vol-ema*** willig

Merke dir als Grundsatz: **Alles, was logisch ist, ist auch richtig!**

Zu Wortbildungssilben mehr im nächsten Kapitel.

* *siehe „Wortbildungssilben" bzw. „Partizipien"*

Wortverschmelzung

Ähnlich wie auch im Deutschen kann man in Esperanto quasi endlos lange Wörter bilden, indem man zwei oder mehrere Einzelwörter miteinander verschmelzen lässt. Man nimmt hierzu die Wortstämme, fügt ein **-o-** oder, wenn es keine Knoten in der Zunge verursacht, auch gar nichts dazwischen und hängt die gewünschte Wortklassenendung (+ evtl. Plural + evtl. Akk.) an:

dento	+	**broso**	=	**dent-o-bros-o**	=	**dentobroso**
Zahn		Bürste				Zahnbürste
scii	+	**voli**	=	**sci-vol-a**	=	**scivola**
wissen		wollen				neugierig

Gelegentlich kommt auch als Bindevokal ein **-a-**, sehr selten ein **-e-** oder **-i-** vor:

ĝusta	+	**tempo**	=	**ĝust-a-temp-e**	=	**ĝustatempe**
richtig		Zeit				rechtzeitig
arto	+	**farita**	=	**art-e-farit-a**	=	**artefarita**
Kunst		gemacht				künstlich

Diese Verschmelzungen geschehen auch oft mit Präpositionen und Tabellwörtern:

ĉiu	+	**kaxo**	=	**ĉiu-kaz-e**	=	**ĉinkaze**
jeder		Fall				jedenfalls
pri	+	**paroli**	=	**pri-parol-i**	=	**priparoli**
über		sprechen				besprechen

Wortbildungssilben

Das „Herzstück" von Esperanto sind die Wortbildungssilben (Affixe), mit denen du dir nach dem Baukastenprinzip aus den Grundwörtern im Anhang unzählige neue Wörter zusammenpuzzlen kannst.

Beachte: Vorsilben werden einfach direkt vor den Wortstamm gesetzt, während man Nachsilben zwischen Wortstamm und Endung (**-o**, **-a**, **-e**, etc.) einfügt.

Schon mit nur relativ wenig Vokabeln hast du einen großen Wortschatz parat, so dass du bald frei drauflosreden kannst, ohne dauernd das Wörterbuch wälzen zu müssen. Auch wenn es am Anfang ein bisschen ungewohnt ist, stets „um die Ecke" zu denken, werden dir die Vor- und Nachsilben bald in Fleisch und Blut übergehen.

mal- Gegenteil	
granda	groß
malgranda	klein
ami	lieben
malami	hassen
ĝojo	Freude
malĝojo	Trauer
antaŭ	vor
malantaŭ	hinter
malo	Gegenteil
male	im Gegenteil

als eigenständiger Wortstamm

ne- un-, in-, nicht	
grava	wichtig
negrava	unwichtig
rekte	direkt
nerekte	indirekt

mis-	miss-, falsch-	
kompreni		verstehen
miskompreni		missverstehen
uzo		Gebrauch
misuzo		Missbrauch

	-eg	Verstärkung, Vergrößerung	
	-et	Abschwächung, Verkleinerung, -chen/-lein	
	pordo		Tür
	pordego		Tor
	pordeto		Türchen
	varma		warm
	varmega		heiß
	varmeta		lauwarm
	salti		springen
	saltegi		Riesensprünge machen
	salteti		hüpfen
als eigenständige	**ege**		sehr
Wortstämme	**eta**		klein, gering

Siehe auch -ist *und*	**-ul**	Person, Träger einer Eigenschaft	
Partizipien!	**-aĵ**	Sache, Etwas	
	bela		schön
	belulo		Schöne(r)
	belaĵo		etwas Schönes
	drinki		saufen
	drinkulo		Säufer
	drinkaĵo		„Fusel"
als eigenständige	**ulo**		Kerl, Typ
Wortstämme	**aĵo**		Sache

-ec	Eigenschaft, -heit/ -keit	
hela	hell	
heleco	Helligkeit	
alta	hoch, groß	
alteco	Höhe, Größe	
unu	eins	
unueco	Einigkeit, Einheit	
eco	Eigenschaft	*als eigenständiger Wortstamm*

-ig	1. (zu etwas) machen (bei Adjektiven und Substantiven) 2. veranlassen (bei Verben)	
-iĝ	(zu etwas) werden	*auch: sich selbst (zu etwas) machen*
pura	sauber, rein	
purigi	säubern, reinigen	
puriĝi	sauber werden, sich säubern	
patrino	Mutter	
patrinigi	(schwängern)	
patriniĝi	Mutter werden	
veki	wecken	
vekigi	wecken lassen	
vekiĝi	aufwachen	
igi	(zu etwas) machen, veranlassen	*als eigenständige Wortstämme*
iĝi	(zu etwas) werden	

-ad	1. Dauer (bei Verben), 2. Verb + **ad(o)** = Substantiv
ek-	los-, anfangen zu ...
re-	zurück-, wieder-, re-
kuri	laufen
kuradi	dauerlaufen

ekkuri	loslaufen
rekuri	zurücklaufen
rakonti	erzählen
rakontadi	lange erzählen
ekrakonti	anfangen zu erzählen
rerakonti	wiedererzählen
ŝpari	sparen
ŝparado	(das) Sparen
kanti	singen
kantado	Gesang
ade (=daŭre)	andauernd
eko (= komenco)	Anfang, Beginn
ek!	los!
ree	wieder
reen	zurück

als eigenständige Wortstämme

-ej	Ort
loĝi	wohnen
loĝejo	Wohnung
gasto	Gast
gastejo	Herberge
manĝi	essen
manĝejo	Essraum o. Restaurant
ejo (= loko)	Ort

als eigenständiger Wortstamm

-uj	1. Gefäß, Behälter 2. Nationalität + **uj** = Ländername
mono	Geld
monujo	Portemonnaie
cindro	Asche
cindrujo	Aschenbecher

trinki	trinken	
trinkujo	Trinkgefäß	*Becher, Glas o. ä.*
germano	Deutsche(r)	
Germanujo	Deutschland	= Germanio
italo	Italiener(in)	
Italujo	Italien	= Italio
ujo	Behälter	*als eigenständiger Wortstamm*

-ing	in ähnlicher Bedeutung: Halter	
ovo	Ei	
ovingo	Eierbecher	
glavo	Schwert	
glavingo	Scheide	
ingo	Halter	*als eigenständiger Wortstamm*

-il	(Hilfs-) Mittel, Werkzeug, Utensil	
ŝlosi	(ab)schließen	
ŝlosilo	Schlüssel	
kovri	(be)decken	
kovrilo	Deckel/Decke	
ilo	Mittel, Werkzeug	*als eigenständiger Wortstamm*

-ar	Ansammlung	
-er	Einzelteil, Bruchstück	*einer Gesamtheit*
ligno	Holz	
liguaro	Holzhaufen	
lignero	Holzsplitter	
kuko	Kuchen	
kukaro	Kuchenbüffet	
kukero	Kuchenkrümel	

arbo	Baum
arbaro	Wald
amiko	Freund
amikaro	Freundeskreis
botelo	Flasche
botelero	Flaschenscherbe
aro	Ansammlung
ero	Einzelteil, Bruchstück

als eigenständige Wortstämme

-em	Lust, (allgemeine) Neigung
dormi	schlafen
dormema	schläfrig
fali	fallen
falemo	Fallsucht
helpo	Hilfe
helpemo	Hilfsbereitschaft
emo	Lust, Neigung
emi	Lust, „Bock" haben

als eigenständiger Wortstamm

-ebl	-bar, Möglichkeit
-ind	-wert, -würdig
-end	Notwendigkeit
vidi	sehen
videbla	sichtbar
vidinda	sehenswert
videnda	(nötig) zu sehen
ridi	lachen
ridinda	lächerlich
havi	haben
havenda	unabkömmlich
kompreni	verstehen
kompreneble	verständlich, natürlich

eble	vielleicht
eblo	Möglichkeit (konkret)
inda	wert
indi	wert sein, sich lohnen
enda	notwendig
endi	notwendig, nötig sein

als eigenständige Wortstämme

-in	-in, weiblich
ge-	beide Geschlechter zusammen
vir-	männlich
viro	Mann
virino	Frau
patro	Vater
patrino	Mutter
gepatroj	Eltern
frato	Bruder
fratino	Schwester
gefratoj	Geschwister
fratoj	Brüder
fratinoj	Schwestern

aber:

Tatsächlich sind nur wenige Esperanto-Wörter von sich aus männlich (vor allem Verwandschaftsbezeichnungen außerdem z. B. **viro** - Mann und **knabo** - Junge), alle anderen sind zunächst einmal geschlechtsneutral, also:

amiko	Freundin/Freund
studento	Studentin/Student
dommastro	Hausmann/-frau
Esperantisto	Esperantist/-in

Wortbildungssilben

Als männliche Vorsilbe benutzt man vor allem bei Tierbezeichnungen vir- *(von* vira - *männlich).*

porko	Schwein
porkino	Sau
virporko	Eber
ĉevalo	Pferd
ĉevalino	Stute
virĉevalo	Hengst

In den letzten Jahren ist auch die Nachsilbe **-iĉ** als männliches Gegenstück zu **-in** aufgetaucht, kommt in der Praxis jedoch nur ab und zu als eigenständiges Wort (**iĉo** - Mann, Junge) vor.

anstatt virino

anstatt viro

ino	Frau, Mädchen
ina	weiblich
malino	Mann, Junge
malina	männlich

-id	Nachkomme, Junges
bo-	Verwandschaft durch Heirat
porko	Schwein
porkido	Ferkel
ĉevalo	Pferd
ĉevalido	Fohlen
patrino	Mutter
bopatrino	Schwiegermutter
filo	Sohn
bofilo	Schwiegersohn
ido	Nachkomme
boa	angeheiratet

als eigenständige Wortstämme

-an	Mitglied, Anhänger,
-estr	Leiter, Chef
urbo	Stadt
urbano	Städter
urbestro	Bürgermeister
ĥoro	Chor
ĥorano	Chormitglied
ĥorestro	Chorleiter
mondo	Welt
mondano	Weltbürger
insulo	Insel
insulano	Insulaner
estro (= ĉefo)	Leiter, Chef
estri (= regi)	leiten, führen
ano (= membro)	Mitglied
ani (= membri)	Mitglied sein

speziell: Bewohner, -aner

als eigenständige Wortstämme

-ist	-ist, Ausübender eines Berufs oder Hobbys
baki	backen
bakisto	Bäcker(in)
instrui	lehren
instruisto	Lehrer(in)
Esperanto	Esperanto
Esperantisto	Esperantist(in), Espi

-ism	-ismus, -tum, Ideologie, System
nacio	Nation
naciismo	Nationalismus
mondano	Weltbürger
mondanismo	Weltbürgertum

Wortbildungssilben

als eigenständiger Wortstamm

iste	berufsmäßig
ismo	Ideologie, System

-um	Notfallnachsilbe, verwandter Begriff
kolo	Hals
kolumo	Kragen
aero	Luft
aerumi	lüften
tendo	Zelt
tendumi	zelten
(tendi = esti tendo!)	ein Zelt sein
plena	voll
plenumi	erfüllen
(pleni =esti plena!)	voll sein
plenigi	vollmachen, füllen
proksima	nah
proksimume	ungefähr, annähernd

Überall dort, wo keine der übrigen Wortbildungssilben passt, verwendet man die Nachsilbe **-um**, die selbst ziemlich „schwammig" ist. In manchen Fällen bedeutet sie etwa „um ... herum", kann aber auch in bestimmten Fälllen aus einem Substantiv ein Verb formen, etwa in de Bedeutung „etwas mit ... tun". Einige **-um**-Wörter sind einfach auswendig zu lernen.

als eigenständiger Wortstamm

umi	irgendwas tun, auch: ‚rummachen'

Folgende Wortbildungssilben werden nicht sehr häufig oder nur in bestimmten Situationen gebraucht:

fi- -aĉ	moralische Abwertung mies, schäbig, dreckig, äußerliche Abwertung	
kamarado	Kamerad	
fikamarado	Kameradenschwein	
domo	Haus	
domaĉo	Bruchbude	
fi!	Pfui!	*als eigenständige Wortstämme*
aĉ!	Bah! Würg!	
aĉa	mies/schäbig	

dis-	auseinander-, zer-	
rompi	brechen	
disrompi	auseinander-, zerbrechen	
doni	geben	
disdoni	verteilen	
dise	auseinander	*als eigenständiger Wortstamm*

eks-	ehemalig, ex-	
edzo	Ehemann	
eksedzo	Ex-Mann	
membro	Mitglied	
eksmembro	ehem. Mitglied	
eksa	ehemalig	*als eigenständiger Wortstamm*

pra-	ur-, prä-
tempo	Zeit
pratempo	Urzeit
historia	geschichtlich
prahistoria	prähistorisch

-obl	-fach
-on	Bruchzahl,-tel
-op	Sammelzahl, zu x-t
du	zwei
duoble	doppelt
duona	halb
duope	zu zweit
tri	drei
trieble	dreifach
triono	Drittel
triope	zu dritt
multaj	viele
multoblo	Vielfaches
multope	zu vielen
oble	multipliziert mit, mal

als eigenständiger Wortstamm

Kosenamen kann man bilden, indem man an die erste oder zweite Silbe des Wortstamms eine der beiden folgenden Endungen hängt:

-ĉj	männliche Koseform
-nj	weibliche Koseform
patro	Vater
paĉjo	Papa, Papi
panjo	Mama, Mutti
Josef	Josef
Joĉjo	Jupp, Seppel
Maria	Maria
Manjo/Marinjo	Mariechen

Wortbildungssilben im Überblick

-aĉ	mies, schäbig, äußerliche Abwertung
-ad	1. Dauer 2. Verb + **ad(o)** = Substantiv
-aĵ	Sache, Etwas
-an	Anhänger, Mitglied, speziell: Bewohner
-ar	Ansammlung
bo-	Verwandtschaft durch Heirat
-ĉj	männliche Koseform
dis-	auseinander-, zer-
-ebl	Möglichkeit, -bar
-ec	Eigenschaft, -heit/-keit
-eg	Verstärkung, Vergrößerung
-ej	Ort
ek-	los-, anfangen zu ...
eks-	ehemalig, ex-
-em	Lust, (allgemeine) Neigung
-end	Notwendigkeit
-er	Einzelteil, Bruchstück
-estr	Leiter, Chef
-et	Abschwächung, Verkleinerung
fi-	moralische Abwertung
ge-	beide Geschlechter zusammen
-iĉ	männlich (inoffiziell)
-id	Nachkomme, Junges
-ig	1. (zu etwas) machen 2. veranlassen
-iĝ	(zu etwas) werden, sich selbst (zu etwas) machen
-il	Hilfsmittel, Werkzeug, Utensil
-in	-in, weiblich
-ind	-wert, -würdig

-ing	Halter
-ism	Ideologie, System, -ismus, -tum
-ist	Ausübender eines Berufs oder Hobbys
mal-	Gegenteil
mis-	miss-, falsch
ne-	un-, nicht
-nj	weibliche Koseform
-obl	-fach
-on	Bruchzahl, -tel
-op	Sammelzahl, zu x-t
pra-	ur-, prä-
re-	zurück-, wieder-
-uj	1. Gefäß, Behälter 2. Nationalität + **ujo** = Ländername
-ul	Person, Träger einer Eigenschaft
-um	Notfallnachsilbe, verwandter Begriff

Apostrophierung

In der Schriftsprache (vor allem in der Poesie) und in feststehenden Ausdrücken kann man folgende Endungen durch ein Apostroph ersetzen:

-o	als **letzter** Buchstabe eines Hauptwortes, also nicht in den Verbindungen **-oj**, **-on** und **-ojn**! Beachte, dass die Betonung auf derselben (jetzt letzten) Silbe bleibt!
-a	des Artikels **la**, besonders nach der Präpostition **de**.

Ho, mia kor'
Oh, mein Herz
(berühmtes Gedicht von Zamenhof)

de temp' al tempo
von Zeit zu Zeit

la paco de l' mondo
der Frieden der Welt

Begrüßung & Anrede

Auf Esperanto redet man sich grundsätzlich mit **vi** - „du, ihr" an. Eine distanziertere Form vergleichbar dem deutschen „Sie" gibt es nicht. Üblicherweise reicht auch der Vorname, selbst wenn der Gegenüber eher reiferen Alters ist.

Sollte die Situation aus irgendeinem Grunde eine formalere („höflichere") Anrede erfordern, wie z. B. als Anrede in einem Brief, gebraucht man:

sinjoro	**sinjorino**	**gesinjoroj**
Herr	Frau	Damen und Herren

Im Allgemeinen begrüßt man sich zu jeder Tages- und Nachtzeit mit:

Saluton!
einen Gruß
Hallo! Grüß dich!

Etwas seltener verwendet man außerdem (wie auch im Deutschen mit Akkusativ!):

Bonan tagon!	Guten Tag!
Bonan matenon!	Guten Morgen!
Bonan vesperon!	Guten Abend!
Bonan nokton!	Gute Nacht!

Man verabschiedet sich meist, wie auch im Deutschen, mit der Hoffnung auf ein Wiedersehen:

Ĝis revido!	oder auch kurz:	**Ĝis!**
bis Wiedersehen		*bis*
Auf Wiedersehen!		Tschüß!

Vor allem in westeuropäischen Ländern hat sich unter Jugendlichen der **Begrüßungs- und Abschiedskuss** (meist: linke Wange - rechte Wange - linke Wange) verbreitet. Üblicherweise begrüßt bzw. verabschiedet man so allerdings nur schon bekannte Gesichter. In jedem Fall ist gegenüber etwas älteren Espis ein Händeschütteln vorzuziehen.

Den typisch englischen „Small-Talk" über das Wetter kannst du dir übrigens ruhigen Gewissens sparen.

Du wirst schnell merken, dass es kein Problem ist, mit Esperantisten ins Gespräch zu kommen.

Geh direkt auf unbekannte Gesichter zu, niemand wird das etwa als Aufdringlichkeit empfinden.

Hej, saluton!	Hey, hallo!
Kiel vi (fartas)?	Wie geht's dir?
Wie du (dich-befindest)	
Bone/sufiĉe bone/ malbone.	Gut/einigermaßen/ schlecht.
Kaj vi?	Und du?
Kiel vi nomiĝas?	Wie heißt du?
Wie du nennen-wirst	
Mia nomo estas ...	Mein Name ist ...

De kie vi venas? *Von wo du kommst*	Wo kommst du her?
El Germanio.	Aus Deutschland.
Mi estas komencanto.	Ich bin Anfänger.
Ĉu vi povus ... *(Ob) du könntest ...*	Könntest du ...
...paroli iom pli malrapide? *...etwas mehr sprechen Ggtl. - schnell?*	...etwas langsamer sprechen?
...ripeti (la tuton)? *wiederholen (das Ganze)*	... (das Ganze) wiederholen?
Mi ne(nion) komprenis.	Ich habe nicht(s) verstanden.
Kiom aĝa vi estas?	Wie alt bist du?
Mi estas ... (jarojn aĝa).	Ich bin ... (Jahre alt).

Pri kio vi okupiĝas?
Über was du befassen-wirst
Was machst du (z. B. beruflich)?

Mi estas lernanto.	Ich bin Schüler/in.
... studento.	... Student/in.
... civilservanto.	... Zivi.
... **senlaboralo.** *Ohne-Arbeit -Pers.*	... Arbeitslose/r.

Mi laboras kiel ...	Ich arbeite als ...
... inĝeniero.	... Ingenieur/in.
... elektristo.	... Elektriker/in.
...fiŝkaptisto. *Fisch-fangen-Beruf*	... Fischer/in.
... purigisto. *sauber-machen-Beruf*	... Putzmann/frau.

... vendisto.	... Verkäufer/in.
... bakisto.	... Bäcker/in.
... flegisto.	... Pfleger/in.
... kuracisto. *heilen-Beruf*	... Arzt/Ärztin.
... muzikisto.	... Musiker/in.
... artisto.	... Künstler/in.
... pentristo.	... Maler/in.
... instruisto.	... Lehrer/in.
... advokato.	... Rechtsanwalt/ Rechtsanwältin.

Wenn es ein längeres Gespräch zu werden scheint:

Ĉu ni iru por trinki ion?
(Ob) wir gehen-Volitiv für trinken etwas
Gehen wir was trinken?

Venu, ni drinku je mia kosto.
Komm, wir saufen-Volitiv (um) meine Kosten
Komm, wir saufen einen auf meine Rechnung.

Ĉu ni iru hejmen al vi aŭ al mi?
(Ob) wir gehen-Vol. nach Hause zu dir oder zu mir
Gehen wir zu dir oder zu mir?

Ĉu vi planis ankoraŭ ion alian por horidaŭ?
(Ob) du plantest noch etwas anderes für heute
Hast du heute noch was anderes vor?

Redewendungen & Floskeln

„Bitte" im Sinne von „sei(en Sie) so gut" heißt auf Esperanto **bonvolu** oder **bonvole**, zu Deutsch etwa: „sei guten Willens" bzw. „mit gutem Willen". Beide sind in gleichem Maße gebräuchlich.

Bitte / Danke

Achte aber auf die darauffolgende Verbform:

Bonvolu diri al mi ... = Bonvole diru al mi ...
Bitte sage(n Sie) mir ...

Eine seltener gebräuchliche Variante ist die Anfügung von **mi petas** = „ich bitte":

Ne venu sabate, mi petas.
Nicht komm Samstag-Adv., ich bitte
Komm bitte nicht samstags.

Man bedankt sich mit:

Dankon!	Danke!
Dankegon!	Tausend Dank!
Koran dankon!	Herzlichen Dank!

Beachte, dass man sich auf Esperanto nicht wie im Deutschen für, sondern **wegen** etwas bedankt:

Mi kore dankas pro la manĝaĵo.
Ich Herz-Adv. danke wegen der essen-Sache
Ich danke herzlich für das Essen.

Man kann eventuell noch antworten:

Ne dankinde!
Nicht Dank-wert
Bitte! Nichts zu danken!

Diskutieren

mi pensas, ke	ich denke, dass
mi kredas, ke	ich glaube, dass
mi opinias, ke	ich meine, dass
laŭ mi/laŭ mia opinio	meiner Meinung nach
mi konfesas, ke	ich gebe zu, dass
al mi ŝajnas, ke	mir scheint, dass
mi havas la impreson, ke	ich habe den Eindruck, dass
menciindas, ke *erwähnen-wert dass*	es ist erwähnenswert, dass
pri tio direndas *über das sagen-nötig*	dazu ist zu sagen
eblas konstati *möglich-ist feststellen*	es ist festzustellen
mi konsentas	ich stimme zu
mi malkonsentas *ich Ggtl.-zustimme*	ich stimme nicht zu
mi poras *ich für-bin*	ich bin dafür
mi kontraŭas	ich bin dagegen
mi samopinias *ich gleich-Meinung-bin*	ich bin der gleichen Meinung
mi malsamopinias *ich Ggtl.-gleich-Meinung-bin*	ich bin anderer Meinung

vi pravas	du hast Recht
(kontraŭ)argumento	(Gegen)Argument
pruvo	Beweis
rezulto	Ergebnis
konkludi el/de	Schluss ziehen aus, schließen
tiurilate	in dieser Beziehung
rilate (+ Akk.)	bezüglich
unuflanke ...	auf der einen Seite ...
aliflanke ...	auf der anderen Seite ...
konsidere de	unter Berücksichtigung von
de tiu starpunkto	von diesem Standpunkt aus
de tiu vidpunkto	aus diesem Blickwinkel
verdire *wahr-sagen-Adv.*	um die Wahrheit zu sagen
tiel nomata	sogenannte(r,s)
kiel dirite	wie gesagt
por tiel diri	sozusagen

auch: pri + *Nom.*

Sprüche klopfen

Ĉu? Ĉu vere? *(Ob)? (Ob) wirklich?*	Ja? Ja wirklich?
Ĉu ne? *(Ob) nicht?*	Oder nicht? Nicht wahr?
Jes ja.	Ja doch.
Imagu!	Stell dir vor!
Nu, kompreneble! *Nun, verstehen-mögl.*	Na, natürlich!
Jen ĝi! *Voilà es*	Das ist es! Du sagst es!

Klare!	Klar!
Evidente!	Offensichtlich!
Certe!	Sicher!
En ordo!	In Ordnung! O.K.!
Ĝuste!	Genau!
Ekzakte!	Exakt!
Prave!	Richtig! Wahrhaftig!
Sendube! *Ohne-Zweifel-Adv.*	Zweifellos!
Kial ne?	Warum nicht?
Volonte! *Wollen-werdend*	Gerne!
Ne gravas! *Nicht wichtig-ist*	Unwichtig! Egal! Macht nichts!
Ne eblas! *Nicht möglich-ist*	Nicht möglich!
Strange!	Komisch! Seltsam!
Nekredeble! *Nicht-glauben-mögl.*	Unglaublich!
Fulmotondro! *Blitz-Donner*	Donnerwetter!
Bonege! *Gut-Verstärk.*	Sehr gut! Super!
Brile!	Brilliant! Toll!
Genie!	Genial!
Freneze!	Wahnsinnig!
Stultaĵo! *Dumm-Sache*	Blödsinn!
Fek!	Scheiße! Mist!
Terure!	Schrecklich!
Horore! *Horror-Adv.*	Fürchterlich!

Floskeln

So richtig „Pepp" kommt in jede Sprache wohl erst, wenn man es auch versteht, mit Füllwörtchen die Sätze auszumalen.

do	also
nu	nun, na
finfine *Ende-Ende-Adv.*	endlich
vere	wirklich
fakte	tatsächlich
efektive	eigentlich
origine	ursprünglich
ĝenerale	generell
normale	normalerweise
esence	im Grunde
principe	im Prinzip
ununure *eins-nur-Adv.*	einzig und allein
hazarde	zufällig
vole-nevole *willens-nicht-willens*	wohl oder übel
pli-malpli *mehr-Ggtl.-mehr*	mehr oder weniger
almenaŭ	zumindest, wenigstens
tute	ganz
sufiĉe	ziemlich, genug
apenaŭ	kaum
entute	überhaupt, alles in allem
ja	ja, zwar, doch
tamen	trotzdem, dennoch

ĉiukaze	jedenfalls
kiel ajn	wie auch immer
verŝajne	wahrscheinlich
probable	wahrscheinlich, vermutlich
(laŭ) ŝajne	scheinbar, anscheinend

Schimpfen & Fluchen

In manchen Situationen kann es von großem Nutzen sein, auch über ein Repertoire an Schimpfwörtern und Flüchen zu verfügen. Und gerade hier sind deiner Fantasie keine Grenzen gesetzt ...

Fi!	Pfui!
Aĉ!	Bah!
Fek!	Scheiße!
Diable!	Teuflisch! Zum Teufel!
Damne!	Verdammt!
Ho, Dio mia!	Oh, mein Gott!
fiulo	Mistkerl
aĉulo	Dreckskerl
fekulo	Scheißkerl
fripono	Schuft
idioto	Idiot
stultulo	Doofmann
molkaculo *weich-„Schwanz"-Pers.*	Schlappschwanz
grasbulo *Fett-Klumpen*	Fettkloß
ĉiesulino *jedermanns-Pers.-weibl.*	Flittchen, Hure

Aus jeder Personenbezeichnung lässt sich durch die Wortbildungssilben **fi-** und **-aĉ** problemlos ein Schimpfwort bilden:

gepatroj Eltern	**figepatroj** Mist-Eltern

Die liebe Verwandtschaft

Esperanto-Familien sind keine Seltenheit mehr. Einige wenige gehen sogar schon bis in die dritte Generation zurück. Kinder, die durch ihre Eltern von Geburt an Esperanto sozusagen als zweite (oder gar dritte!) Muttersprache gelernt haben, nennt man **denaskaj Esperantistoj** (*von-Geburt-Adj. Esperantisten*).

familio	Familie	
parenco	Verwandte(r)	*geschlechtsneutral!*
parencaro *Verwandter-Ansamml.*	Verwandtschaft, „Sippschaft"	
parenceco *Verwandter-Eigensch.*	Verwandtschaft, Verwandtsein	
plenkreskulo *voll-wachsen-Pers.*	Erwachsener	
infano	Kind	*geschlechtsneutral!*

Die liebe Verwandtschaft

männlich	weiblich	beideGeschlechter
patro Vater	**patrino** Mutter	**gepatroj** Eltern
bopatro Schwiegervater	**bopatrino** Schwiegermutter	**bogepatroj** Schwiegereltern
frato Bruder	**fratino** Schwester	**gefratoj** Geschwister
filo Sohn	**filino** Tochter	**gefiloj** Kinder
edzo Ehemann	**edzino** Ehefrau	**geedzoj** Ehepaar
avo Großvater	**avino** Großmutter	**geavoj** Großeltern
praavo Urgroßvater	**praavino** Urgroßmutter	**gepraavoj** Urgroßeltern
nepo Enkel	**nepino** Enkelin	**genepoj** Enkelkinder
pranepo Urenkel	**pranepino** Urenkelin	**gepranepoj** Urenkelkinder
onklo Onkel	**onklino** Tante	**geonkloj** Onkel & Tante
kuzo Cousin	**kuzino** Cousine	**gekuzoj** Cousin & Cousine
nevo Neffe	**nevino** Nichte	**genevoj** Neffen

Um die einzelnen Familienmitglieder zu bestimmen, benötigt man die Wortbildungssilben **-in**, **ge-**, **bo-** und **pra-**:

Der Vorsatz duon- *(„Halb-") drückt das deutsche „Stief-" aus:*

duonfrato	Stiefbruder
duonpatrino	Stiefmutter
duonfilino	Stieftochter

Esperantujo

Esperantujo, frei übersetzt „die Esperanto-Welt”, ist überall dort, wo mindestens zwei Esperantisten (oder auch kurz „Espis“ genannt) zusammentreffen. Egal, ob auf einem Kongress, bei einem Ferienbesuch oder gerade eben auf der Straße.

Folgende zwei Grundsätze solltest du in **Esperantujo** beachten:

1. Sprich Esperanto, besonders wenn ausländische Espis anwesend sind. Ausgelacht wirst du nicht, jeder hat schließlich einmal mit **„Saluton”** anfangen müssen.

2. In multinationaler und multikultureller Umgebung ist Toleranz natürlich oberstes Gebot. Mit Intoleranz wirst du gerade unter Esperantisten schnell auf Ablehnung stoßen. Das heißt aber nicht, dass du zu allem „Ja” und „Amen” sagen sollst!

Über Krokodile & andere Reptilien

Esperanto sprechen ist natürlich in **Esperantujo** oberstes Gebot. Sich auf Deutsch oder in einer anderen Nationalsprache zu unterhalten, wird im Beisein von Espis, die dieser Sprache nicht oder nur kaum mächtig und in dieser Situation ausgegrenzt sind, nicht gerade gerne gesehen. Schon sehr früh hat man hierfür quasi „Insider"-Ausdrücke gebildet:

krokodili
„krokodilieren" = zwei Espis mit gleicher Muttersprache unterhalten sich in ihrer Muttersprache, z. B. zwei Deutsche auf Deutsch

aligatori
„alligatorieren" = zwei Espis mit unterschiedlicher Muttersprache unterhalten sich in einer der beiden Muttersprachen, z. B. ein Deutscher und ein Franzose auf Deutsch oder Französisch

kajmani
„kaimanieren" = zwei Espis mit unterschiedlicher Muttersprache unterhalten sich in einer dritten Nationalsprache, z. B. ein Deutscher und ein Italiener auf Englisch o. ä.

Umgangssprachlich benutzt man aber auch **krokodili** im weiteren Sinne anstatt **aligatori** und **kajmani**.

Bei einem Esperanto-Treffen

Ein Esperanto-Treffen ist ideal, um persönlich Kontakte in alle Welt zu knüpfen und in internationaler Umgebung über aktuelle Themen zu diskutieren. Es bietet sich oft auch an, ein Treffen als Ausgangspunkt für eine Reise durch Esperantujo mit dem **Pasporta Servo** zu nehmen.

Und wenn du erst einmal die **etoso** (Stimmung) geschnuppert hast ... Das nächste Treffen ist meist nicht weit, gerade in Europa ist das Sommerprogramm mehr als flächendeckend.

Einen aktuellen Reisekalender mit Esperanto-Treffen in aller Welt erhältst du kostenlos bei der Deutschen Esperanto-Jugend.

Damit du durch das Wirrwarr von Abkürzungen findest, hier einige der (für deutsche Augen) wichtigsten alljährlichen Treffen:

UK	**Universala Kongreso** (= Weltkongress, Hauptkongress des Welt-Esperanto Bundes **UEA**, meist im Juli)
IJK	**Internacia Junulara Kongreso** (= Internationaler Jugendkongress, Hauptkongress der Welt-Esperanto-Jugend **TEJO**, meist direkt vor dem **UK**)
IS	**Internacia Seminario** (= Internationales Seminar, Hauptkongress der Deutschen Esperanto-Jugend **GEJ**, 27.12.-03.01.)

Um ein **aliĝilo**, ein Anmeldeformular (*bei-werden-Mittel*), ausfüllen zu können, brauchst du folgendes Vokabular:

(familia) nomo	Familienname
antaŭnomo	Vorname
adreso	Adresse
strato	Straße
urbo	Stadt
poŝtkodo	Postleitzahl
lando	Land
telefonnumero	Telefonnummer
naskiĝdato	Geburtsdatum
sekso	Geschlecht
vira/malina	männlich
ina/virina/malvira	weiblich
profesio	Beruf
vegetarano	Vegetarier
memzorganto *selbst-Sorgender*	Selbstversorger

Bei einem Treffen selbst:

kongresejo	Kongresszentrum
seminariejo	Seminarzentrum
manĝejo	Kantine, Mensa
antaŭhalo	Vorhalle
akceptejo	Anmeldung, Rezeption
loĝejo	Unterkunft
gimnastikejo	Turnhalle
dormoĉambro	Schlafzimmer
samĉambrano *gleich-Zimmer-Anhänger*	Zimmergenosse
kunloĝanto *mit-wohnend-Subst.*	Mitbewohner
organiza komitato	Organisationskomitee
interkona vespero	Kennenlern-Abend
internacia vespero	Internationaler Abend
adiaŭa vespero	Abschieds-Abend
prelego	Vortrag
diskutrondo	Diskussionsrunde
laborgrupo	Arbeitsgruppe
ekskurso	Ausflug, Exkursion

Für Wochenendtreffen hat sich in Deutschland auch der Name kafoklaĉo *(was das wohl heißen mag ...) eingebürgert. Sie werden von verschiedenen lokalen Gruppen organisiert und sind meist recht preiswert. Normalerweise kommen auch Ausländer, was ein permanentes „krokodilieren" verhindert.*

Zu Gast mit „Pasporta Servo“

Mit der Gastgeberliste **Pasporta Servo** (*Ausweisdienst*) kommst du problemlos und ohne großen finanziellen Aufwand durch die Welt. So kannst du als Espi bei zur Zeit über 1200 Privatadressen in mehr als 50 Ländern kostenlos übernachten.

Wie funktioniert das? Für 18,50 Euro erhältst du bei der Deutschen Esperanto-Jugend die Gastgeberliste, die mit deinem Namen auf der Vorderseite auch gleichzeitig als eine Art Ausweis dient. Diese Liste gilt jeweils zwei Jahre lang, du kannst aber jedes Jahr eine aktualisierte Fassung bekommen. Die Liste ist in alphabetischer Reihenfolge nach Ländern geordnet. Neben der Adresse des Gastgebers sind u. a. auch maximale Besucherzahl und Aufenthaltsdauer angegeben. Es ist gut, den Gastgeber zuerst zu kontaktieren und den Aufenthalt mit ihm zu besprechen.

Hier einige wichtige Regeln für das Reisen mit **Pasporta Servo**:

Selbst wenn du nur im Inland reist, **sprich Esperanto!** Sowohl bei der Anmeldung, als auch bei deinem Gastgeber zu Hause! Sollte sich herausstellen, dass du Esperanto nicht beherrschst, hat er natürlich das Recht, dich sofort wieder auf die Straße zusetzen. Denke immer daran, dass diese Gastgeber vielleicht gar nicht oder nicht sehr oft verreisen können und deshalb auch selbst von deinem Besuch profitieren möchten.

Jeder einzelne Gast muss im Besitz einer Gastgeberliste sein. Bei deiner Ankunft solltest du sie kurz vorzeigen.

Nur die reine Übernachtung ist kostenlos! Für die Verpflegung musst du im Normalfall selbst aufkommen, bzw. nach Absprache einen angemessenen Beitrag an deinen Gastgeber leisten. Zwar kommt es öfters vor, dass dir auch Mahlzeiten kostenlos angeboten werden, aber du solltest dies nicht als Selbstverständlichkeit voraussetzen.

Denke immer daran, dass du Gast bist. Respektiere daher, so weit es geht, die Privatsphäre deines Gastgebers bzw. deiner Gastgeberfamilie. Dein Tagesprogramm sollte vor allem außerhalb des Hauses stattfinden. Wenn dir dein(e) Gastgeber allerdings gemeinsame Unternehmungen anbieten, gehe ruhig darauf ein.

Halte dich unbedingt an die Angaben in der Gastgeberliste, z. B. maximale Besucherzahl und Aufenthaltsdauer etc. Besonders sollten Zusätze wie **nefumantoj** („Nichtraucher") oder **nekrokodiloj** (s. „Über Krokodile und andere Reptilien") beachtet werden – sie stehen nicht umsonst da!

Mi ŝatus tranokti ĉe vi.
Ich mögen-Konj. durch-Nacht-Infinitiv bei dir
Ich würde gerne bei dir übernachten.

Mi planas resti de la kvara ĝis oka de majo.
Ich plane bleiben von dem 4. bis 8. von Mai
Ich habe vor, vom 4. bis 8. Mai zu bleiben.

Mi alvenos ĉe vi ĉirkaŭ la dudeka vespere.
Ich ankommen-Fut. bei dir um-herum die 20. abends
Ich komme bei dir etwa um 8 Uhr abends an.

Ĉu tio bone konvenas ankaŭ al vi?
(Ob) das gut passt auch zu dir
Passt dir das auch gut?

Ĉu mi bezonos dormsakon/aermatracon?
(Ob) ich brauchen-werde Schlaf-Sack/Luft-Matratze
Brauche ich eine/n Schlafsack/Luftmatratze?

Ni estos duope/triope.
Wir sein-werden zwei-zu/drei-zu
Wir werden zu zweit/zu dritt sein.

Mi nun enlitiĝas.
Ich jetzt in-Bett-werde
Ich gehe jetzt ins Bett.

Mi iom lacas.
Ich etwas müde-bin
Ich bin etwas müde.

Kie mi dormu?
Wo soll ich schlafen?

Kie estas necesejo?
Wo ist eine Toilette?

Unterwegs

Natürlich wirst du in keinem Land jeden x-beliebigen Passanten auf der Straße in Esperanto nach dem Weg fragen können. Zusätzlich zu Esperanto sind daher auch Kenntnisse der jeweiligen Landessprache nützlich, um etwa alleine eine Fahrkarte zu kaufen o. ä. Solange du dich allerdings in **Esperantujo** aufhältst (z. B. mit **Pasporta Servo**), werden dir Esperantisten vor Ort sicher helfen.

dekstre	rechts (wo?)
dekstren	nach rechts (wohin?)
maldekstre	links (wo?)
maldekstren	nach links (wohin?)
rekte	geradeaus, direkt
dekstraflanke	auf der rechten Seite
nordo	Norden
sudo	Süden
okcidento	Westen
oriento	Osten

Kie estas ...?
Wo ist ...?

Kie troviĝas ...?
Wo findet-sich ...
Wo befindet sich ...?

Mi serĉas ...
Ich suche ... (Akk.!)

Kiel mi povas atingi ...?
Wie ich kann erreichen ...
Wie kann ich ... erreichen? (Akk.!)

Ĝi estas tuj apud ...
Es ist gleich neben ...

Ĝi troviĝas proksime al ...
Es findet-sich nah zu ...
Es befindet sich in der Nähe von ...

Ĝi situas norde de ...
Es liegt nördlich von ...

Hier das Vokabular zur allgemeinen Orientierung.

Ĝi estas en la nordo de ...
Es ist im Norden von ...

Iru laŭ ...
Gehe entlang .../Folge ...

Turnigu dekstren.
Drehe-dich rechts-Richtung
Gehe nach rechts.

Ĉu estas malproksime?
Ob ist Ggtl.-nah
Ist es weit?

Kiom for estas ...?
Wie-viel weg ist...
Wie weit ist ...?

Ĉu eblas atingi ĝin...
Ob möglich-ist erreichen es ...
Kann man es erreichen ...

... piede?	... zu Fuß?
... bicikle?	... per Fahrrad?
... per publikaj transportiloj?	... mit öffentlichen Verkehrsmitteln?
... trajne?	... mit der Bahn?
... aŭte?	... mit dem Auto?

„Einsteigen" bzw. „aussteigen" (aus einem Fahrzeug) wird auf Esperanto gerne ausgedrückt durch „sich in ... begeben" bzw. „sich aus ... heraus begeben", z. B.:

enbusiĝi *in-Bus-werden*	in den Bus einsteigen
eltrajniĝi *aus-Zug-werden*	aus dem Zug aussteigen

mit dem Auto / per Anhalter

aŭto	Auto
motorciklo	Motorrad
ŝarĝaŭto, kamiono	Lastwagen
vojo	Weg
strato	Straße
kruciĝo *Kreuz-werden-Subst.*	Kreuzung
semaforo, trafiklumo	Ampel
aŭtovojo, -ŝoseo	Autobahn
benzinstacio *Benzin-Station*	Tankstelle

ripozostacio *Erholung-Station*	Rastplatz
enveturejo *in-fahren-Ort*	(Autobahn-) Auffahrt
elveturejo	(Autobahn-) Abfahrt
petveturanto *bitten-Fahrender*	Anhalter
petveturi *bitten-fahren*	per Anhalter fahren
dikfingrumi *dick-Finger-(um)*	„den Daumen schwenken" *(per Anhalter fahren)*

Kie estas la plej proksima aŭtoŝosea enveturejo?
Wo ist die meist nahe Autobahn-Adj. in-fahren-Ort
Wo ist die nächste Autobahn-Auffahrt?

Kien vi veturas?
Wohin du fährst
Wohin fährst du?

Ĉu eble hazarde al ...?
(Ob) möglich zufällig zu ...
Vielleicht zufällig nach ...?

Bonvolu lasi min eliĝi...
Gut-wollen-Vol. lassen mich aus-werden...
Bitte lass mich aussteigen...

... ĉe la venonta ripozestacio.
... bei der kommen-werdenden Erholung-Station
... an der nächsten Raststätte.

... ĉe la elveturejo „...".
... bei dem aus-fahren-Ort „..."
... an der Ausfahrt „...".

mit öffentlichen Verkehrsmitteln

buso	Bus
tramo	Straßenbahn
metroo	U-Bahn
pramo	Fähre
haltejo *halten-Ort*	Haltestelle
bileto	Fahrkarte
horaro *Stunde-Ansammlung*	Fahrplan
kontrolisto *kontrollieren-Beruf*	Kontrolleur
nigre veturi	schwarz fahren
esti kaptata *sein gefangen*	erwischt werden

Kie mi trovas la haltejon de linlo numero ses?
Wo ich finde den halten-Ort von Linie Nummer 6
Wo finde ich die Haltestelle der Linie 6?

Kiom kostas la bileto ĝis ...?
Wie viel kostet die Fahrkarte bis ...?

Ĉu mi devos ie ŝanĝi la buson?
(Ob) ich werde-müssen irgendwo ändern den Bus
Muss ich irgendwo umsteigen (den Bus wechseln)?

mit dem Zug

fervojo *Eisen-Weg*	Eisenbahn
trajno	Zug
vagono	Waggon
kuŝvagono	Liegewagen
litvagono *Bettwagen*	Schlafwagen
kupeo	Abteil
stacidomo *Station-Haus*	Bahnhof
giĉeto	Schalter
kajo	Bahnsteig
trako	Gleis
relo	Schiene
konduktoro	Schaffner
ekveturo *los-Fahrt*	Abfahrt
alveno *zu-Kommen*	Ankunft

Per kiu trajno mi povos atingi ... (+Akk.)**?**
Durch welchen Zug ich kann-Zuk. erreichen ...
Mit welchem Zug komme ich nach ...?

De kiu kajo veturos la trajno al ...?
Von welchem Bahnsteig fährt-Zuk. der Zug zu ...
Von welchem Bahnsteig fährt der Zug nach ...?

Ĉu necesas suplemento al mia bileto?
(Ob) nötig-ist Zusatz zu meiner Fahrkarte
Ist ein Zuschlag zu meiner Fahrkarte erforderlich?

mit dem Flugzeug

flughaveno	Flughafen
aviadilo	Flugzeug
fliegen-Mitte	
pasaĝero	Passagier
piloto	Pilot
ekaviado	Abflug
los-Flug	
alteriĝo	Landung
zu-Erde-werden-Subst.	

mit dem Fahrrad

Der internationale Esperanto-Radfahrer-Verband **BEMI** veranstaltet jährlich kleinere und größere Fahrradkaravanen zu Esperanto-Treffen, bei denen manchmal weit über tausend Kilometer zurückgelegt werden.

BEMI (Biciklista Esperantista Movado Intemacia)

biciklo	Fahrrad
selo	Sattel
rado	Rad
pneŭo	Reifen
ĉeno	Kette
pedalo	Pedale
lampo	Lampe, Scheinwerfer
dinamo	Dynamo
spoko	Speiche
framo	Rahmen
aerpumpilo	Luftpumpe
paneo	Panne, Platten
difekto	Defekt
akcidento	Unfall

Beliebt sind die Touren zum alljährlichen Jugendweltkongress (sofern er per Fahrrad zu erreichen ist ...). Nähere Infos darüber erhältst du bei den Landesverbänden der Esperanto-Jugend.

Länder & Leute

Nicht nur als Esperantist sollte man aufpassen, hier nicht gedankenlos in Fettnäpfchen zu treten. Jemanden als „Jugoslawen" oder „Tschechoslowaken" zu bezeichnen, ist nicht nur falsch, sondern kann auch als Beleidigung empfunden werden.

In der Esperanto-Welt kommt sprachlichen und kulturellen Völkergruppen besonderes Gewicht zu, während Staatszugehörigkeiten als eher zweitrangig angesehen werden. Auffällig ist die relativ starke Verbreitung von Esperanto gerade innerhalb dieser Minderheiten. So gibt es etwa die traditionellen unabhängigen Esperanto-Verbände im Baskenland und Katalonien, die neben den spanischen und französischen Verbänden existieren. Ähnlich ist es in Québec, der mehrheitlich französischsprachigen Provinz Kanadas. Auch in Belgien gibt es einen flämischen und einen wallonischen Verband.

Viele, vor allen Dingen europäische Ländernamen werden nach folgendem Schema gebildet:

Einwohner/Volksstamm + **-io / -ujo**

Die traditionelle Ländernamenendung auf **-ujo** und die später entstandene Variante auf **-io** sind heutzutage beide in Verwendung, letztere wird tendenziell häufiger benutzt. Um die folgende Liste nicht aufzublähen, beschränken wir uns hier auf die Variante auf **-io** – die klassische Form auf **-ujo** ist aber genauso richtig.

albano	Albaner	**Albanio**	Albanien
anglo	Engländer	**Anglio**	England
arabo	Araber	**Arabio**	Arabien
armeno	Armenier	**armenio**	Armenien
aŭstro	Österreicher	**Aŭstrio**	Österreich
belgo	Belgier	**Belgio**	Belgien
beloruso	Weißrusse	**Belorusio**	Weißrussland
bulgaro	Bulgare	**Bulgario**	Bulgarien
ĉeĥo	Tscheche	**Ĉeĥio**	Tschechien
ĉino	Chinese	**Ĉinio**	China
dano	Däne	**Danio**	Dänemark
estono	Este	**Estonio**	Estland
etiopo	Äthiopier	**Etiopio**	Äthiopien
eŭsko	Baske	**Eŭskio**	Baskenland
franco	Franzose	**Francio**	Frankreich
germano	Deutscher	**Germanlo**	Deutschland
greko	Grieche	**Grekio**	Griechenland
hindo	Inder	**Hindio**	Indien
hispano	Spanier	**Hispanio**	Spanien
hungaro	Ungar	**Hungario**	Ungarn
italo	Italiener	**Italio**	Italien
japano	Japaner	**Japanio**	Japan
kataluno	Katalane	**Katalunio**	Katalonien
koreo	Koreaner	**Koreio**	Korea
kroato	Kroate	**Kroatio**	Kroatien
latvo	Lette	**Latvio**	Lettland
litovo	Litauer	**Litovio**	Litauen
mongolo	Mongole	**Mongolio**	Mongolei
norvego	Norweger	**Norvegio**	Norwegen
portagalo	Portugiese	**Portugalio**	Portugal
rumano	Rumäne	**Rumanio**	Rumänien
ruso	Russe	**Rusio**	Russland
somalo	Somali	**Somalio**	Somalia
svedo	Schwede	**Svedio**	Schweden
turko	Türke	**Turkio**	Türkei

Einige Länder werden vorzugsweise mit **-lando** gebildet:

finno	Finne	**Finnlando**	Finnland
polo	Pole	**Pollando**	Polen
skoto	Schotte	**Skotlando**	Schottland
sviso	Schweizer	**Svislando**	Schweiz
tajo	Thai	**Tajlando**	Thailand

Man kann aber hier auch die Variante mit **-io** bzw. **-ujo** anwenden.

Für die meisten (vor allem außereuropäischen) Länder existieren feststehende Ländernamen, von denen die Einwohner durch Anfügen der Nachsilbe **-an** abgeleitet werden. Achte besonders darauf, dass eventuelle **-io**-Endungen nicht durch **-ujo** ersetzt werden dürfen!

Bei den folgenden Ländern, die auf **-io** oder **-lando** enden, kann man die Einwohner nicht nach dem oben genannten Prinzip bilden:

Alĝerio	Algerien	**alĝeriano** (nicht: alĝero!!!)	Algerier
Angolo	Angola	**angolano**	Angolaner
Argentino	Argentinien	**argentinano**	Argentinier
Aŭstralio	Australien	**aŭstraliano** (nicht: aŭstralo!!!)	Australier
Benino	Benin	**beninano**	Beniner
Bolivio	Bolivien	**boliviano** (nicht: bolivo!!!)	Bolivianer
Bosnio	Bosnien	**bosniano**	Bosnier

Brazilo	Brasilien	**brazilano**	Brasilianer
Ĉado	Tschad	**ĉadano**	Tschader
Ĉilio	Chile	**ĉiliano** (nicht: ĉilo!!!)	Chilene
Ekvadoro	Ecuador	**ekvadorano**	Ecuadorianer
Filipinoj	Philippinen	**filipinano**	Filipino
Gambio	Gambia	**gambiano** (nicht: gambo!!!)	Gambier
Ganao	Ghana	**ganaano**	Ghanaer
Groenlando	Grönland	**groenlandano** (nicht: groeno!!!)	Grönländer
Gvatemalo	Guatemala	**gvatemalano**	Guatemalteke
Gvineo	Guinea	**gvineano**	Guinee
Haitio	Haiti	**haitiano** (nicht: haito!!!)	Haitianer
Honduro	Honduras	**hondurano**	Honduraner
Indonezio	Indonesien	**indoneziano** (nicht: indonezo!!!)	Indonesier
Irako	Irak	**irakano**	Iraker
Irano	Iran	**iranano**	Iraner
Irlando	Irland	**irlandano** (nicht: iro! !!)	Ire
Islando	Island	**islandano** (nicht: iso!!!)	Isländer
Israelo	Israel	**israelano**	Israeli
Kameruno	Kamerun	**kamerunano**	Kameruner
Kanado	Kanada	**kanadano**	Kanadier
Kartvelio	Georgien	**kartvelo**	Georgier
Kenjo	Kenia	**kenjano**	Kenianer
Kipro	Zypern	**kiprano**	Zypriot
Kolombio	Kolumbien	**kolombiano** (nicht: kolombo!!!)	Kolumbianer
Kongolo	Kongo	**kongolano**	Kongolese

Kubo	Kuba	**kubano**	Kubaner
Laoso	Laos	**laosano**	Laote
Libano	Libanon	**libanano**	Libanese
Libio	Libyen	**libiano** (nicht: libo!!!)	Libyer
Makedonio	Mazedonien	**makedono**	Mazedonier
Malajzio	Malaysia	**malajziano** (nicht: malajzo!!!)	Malaie
Malto	Malta	**maltano**	Maltese
Maroko	Marokko	**marokano**	Marokkaner
Moldavio	Moldawien	**moldavo**	Moldawier
Montenegro	Montenegro	**montenegrano**	Montenegriner
Mozambiko	Mosambik	**mozambikano**	Mosambikaner
Namibio	Namibia	**namibiano** (nicht: namibo!!!)	Namibier
Nederlando	Niederlande	**nederlandano** (nicht: nedero!!!)	Niederländer
Nepalo	Nepal	**nepalano**	Nepalese
Nikaragvo	Nikeragua	**nikaragvano**	Nicaraguaner
Novzelando	Neuseeland	**novzelandano** (nicht: novzeo!!!)	Neuseeländer
Paragvajo	Paraguay	**paragvajano**	Paraguayer
Peruo	Peru	**peruano**	Peruaner
San-Marino	San Marino	**san-marinano**	Sanmarinese
Senegalo	Senegal	**senegalano**	Senegalese
Serbio	Serbien	**serbo**	Serbe
Singapuro	Singapur	**singapurano**	Singapureaner
Sirio	Syrien	**siriano** (nicht: siro!!!)	Syrier
Slovakio	Slowakei	**slovako**	Slowake
Slovenio	Slowenien	**sloveno**	Slowene
Sudafriko	Südafrika	**sudafrikano**	Südafrikaner
Sudano	Sudan	**sudanano**	Sudanese

Tanzanio	Tansania	**tanzaniano** (nicht: tanzano!!!)	Tansanier
Togolo	Togo	**togolano**	Togolese
Tunizio	Tunesien	**tuniziano** (nicht: tunizo!!!)	Tunesier
Ugando	Uganda	**ugandano**	Ugander
Ukrainio	Ukraine	**ukraino**	Ukrainer
Urugvajo	Uruguay	**urugvajano**	Uruguayer
Usono*	USA	**usonano**	Amerikaner
Venezuelo	Venezuela	**venezuelano**	Venezolaner
Vjetnamo	Vietnam	**vjetnamano**	Vietnamese
Zairio	Zaire	**zairiano** (nicht: zairo!!!)	Zairer

* auch: **Unuiĝintaj Ŝtatoj de Norda Ameriko**

Mit **-an** lassen sich generell **von allen** Länder- oder Ortsnamen die Einwohner ableiten:

Rumanio/ Rumanujo	**rumaniano/ rumanujano (rumano)**	Rumäne
Finnlando	**finnlandano (finno)**	Finne
Berlino	**berlinano**	Berliner
Moskvo (Moskau)	**moskvano**	Moskauer
Novjorko (New York)	**novjorkano**	New Yorker

Auch von den Bezeichnungen der Kontinente lassen sich deren Einwohner mit **-an** bilden:

Eŭropo	Europa	**eŭropano**	Europäer
Azio	Asien	**aziano**	Asiat
Afriko	Afrika	**afrikano**	Afrikaner
Ameriko	Amerika	**amerikano**	Amerikaner
Aŭstralio	Australien	**aŭstraliano**	Australier

Pflanzen & Tiere

Hier nun einige Vokabeln zum Thema Pflanzen & Tiere.

plantoj	Pflanzen
arbo	Baum
arbusto	Strauch
kverko	Eiche
betulo	Birke
fago	Buche
abio	Tanne
floro	Blume
rozo	Rose
tulipo	Tulpe
narciso	Narzisse
dianto	Nelke
kakto	Kaktus

bestoj	Tiere
hundo	Hund
kato	Katze
ĉevalo	Pferd
fiŝo	Fisch
porko	Schwein
ŝafo	Schaf
leporo	Hase
kuniklo	Kaninchen

muŝo	Fliege
muso	Maus
lupo	Wolf
vulpo	Fuchs
koko	Huhn
bovo	Rind
birdo	Vogel
rano	Frosch
elefanto	Elefant
leono	Löwe
testudo	Schildkröte
simio	Affe

Männchen, Weibchen und Junge einer Tierart lassen sich mit den Wortbildungssilben **vir-**, **-in** und **-id** formen:

hundo	Hund
virhundo	Rüde
hundino	Hündin
hundido	Welpe

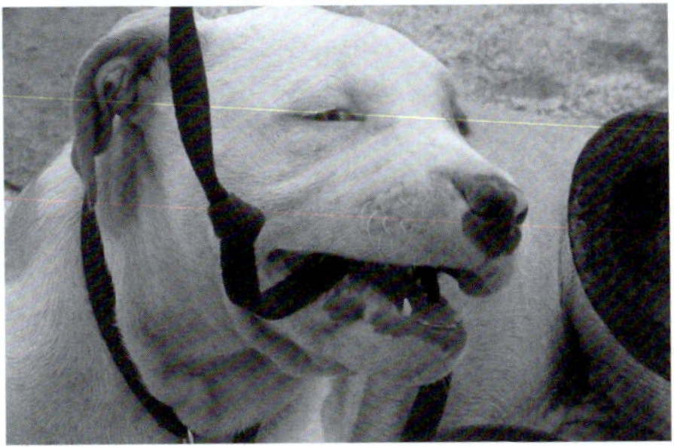

Essen & Trinken

In **Esperantujo** ist der Anteil an Vegetariern überdurchschnittlich hoch, etwa 10-15 %. Darüber hinaus tendiert ein größerer Teil zeitweilig zum Vegetarismus. Ansonsten gibt es keine spezielle „Esperanto-Küche".

Kion mi kairu hodiaŭ?
Was ich kochen-Volitiv heute
Was soll ich heute kochen?

Mi preparas la manĝaĵojn.
Ich vorbereite die essen-Sachen
Ich bereite das Essen zu.

kuirejo *Koch-Ort*	Küche
fornelo	Herd
forno	Backofen
fridujo *Kalt-Behälter*	Kühlschrank

Ĉu vi estas vegetarano?
(Ob) du bist vegetarisch-Anhänger
Bist du Vegetarier?

Ĉu vi ŝatus manĝi vegetare kun ni?
(Ob) du mögen-würdest essen vegetarisch mit uns
Möchtest du gerne mit uns vegetarisch essen?

Mi ŝatus gustumi specialaĵon.
Ich mögen-würde schmecken-(um) spezial-Sache
Ich würde gerne eine Spezialität probieren.

Bonan apetiton!
Guten Appetit!

Vere treege bongustas!
Wirklich sehr-sehr gut-schmeckt
Es schmeckt wirklich sehr, sehr gut!

Mi estas sata/malsata.
(= Mi satas/malsatas.)
Ich bin satt/Ggtl-satt
Ich bin satt/hungrig.

Speisen werden oft mit der Nachsilbe **-aĵ** ausgedrückt:

manĝaĵo	Essen, Speise
fiŝaĵo	Fisch(speise)
porkaĵo	Schweinefleisch
legomaĵo	z. B. Gemüseeintopf

Hier einiges aus der deutschen Küche:

matenmanĝo	Frühstück
tagmanĝo	Mittagessen
vespermanĝo	Abendbrot

pano	Brot	**bulko**	Brötchen
muslio	Müsli	**kaĉo**	Brei

ovo	Ei	**kolbaso**	Wurst
mielo	Honig	**marmelado**	Marmelade
lakto	Milch	**kremo**	Sahne
jogurto	Joghurt	**fromaĝo**	Käse
kazeo	Quark (!)	**margarino**	Margarine
butero	Butter		

salato	Salat	**nudelo**	Nudel
terpomo	Kartoffel	**saŭco**	Soße
rizo	Reis	**fileo**	Filet
viando	Fleisch	**supo**	Suppe
fiŝaĵo	Fisch	**glaciaĵo**	Eis(speise)
deserto	Dessert		

legomo	Gemüse	**tomato**	Tomate
papriko	Paprika	**spinaco**	Spinat
artiŝoko	Artischocke	**olivo**	Olive
brasiko	Kohl	**laktuko**	(Kopf-)Salat
karoto	Möhre	**cepo**	Zwiebel
fungo	Pilz	**ajlo**	Knoblauch

frukto	Frucht	**pomo**	Apfel
piro	Birne	**banano**	Banane
ĉerizo	Kirsche	**oranĝo**	Orange
frago	Erdbeere	**frambo**	Himbeere
mirtelo	Heidelbeere	**rubuso**	Brombeere
ananaso	Ananas	**mango**	Mango

nukso	Nuss	**migdalo**	Mandel
arakido	Erdnuss	**avelo**	Haselnuss

spico	Gewürz	**sukero**	Zucker
pipro	Pfeffer	**salo**	Salz

Zum Essen braucht man:

manĝilaro *essen-Mittel-Ansamml.*	Besteck (+ Geschirr)
tranĉilo	Messer
forko	Gabel
kulero	Löffel
telero	Teller
taso	Tasse
glaso	Glas, Becher

In Bezug auf Alkohol kann man keine einheitlichen Trinkgewohnheiten feststellen. Auch hier gibt es zwar überdurchschnittlich viele Abstinenzler, aber auch viele, viele Genießer...

Kion vi volas trinki?
Was du willst trinken
Was willst du trinken?

Je via sano!
(Um) deine Gesundheit
Auf dein Wohl! Prost!

Cu sukon aŭ lakton?
(Ob) Saft oder Milch
Saft oder Milch?

Mi preferas ion alkoholan.
Ich vorziehe etwas alkoholisch
Ich hätte lieber etwas Alkoholisches.

senalkoholaĵoj
ohne-Alkohol-Sache
alkoholfreie Getränke

kafo	Kaffee
suko	Saft
teo	Tee
lakto	Milch
minerala akvo	Mineralwasser

alkoholaĵoj	alkoholische Getränke
biero	Bier
vino	Wein
ĉampano	Champagner
ŝaŭmvino	Sekt
brando	Schnaps
vodko	Wodka

Liebe & Verliebtsein

Ob per Korrespondenz, auf Esperanto-Treffen oder bei **Pasporta Servo**-Reisen – irgendwie „funkt" es doch überdurchschnittlich schnell zwischen Espis, wobei die Kilometer, die zwischen den Glücklichen liegen, nicht selten in die Tausende gehen ... Natürlich sind auch Esperanto-Ehen mittlerweile keine Seltenheit mehr.

Merke also: Das Glück lauert überall auf dich, daher sei gewappnet! Hier das nötige Vokabular.

Vi estas ĉarma/rava.
Du bist bezaubernd.

Vi havas belajn okulojn.
Du hast schöne Augen.

Mi enamiĝis al vi.
Ich in-Liebe-wurde zu dir
Ich hab mich in dich verliebt.

Mi ŝatas vin.
Ich mag dich.

Mi amas vin.
Ich liebe dich.

Mi sopiras al vi.
Ich mich-sehne zu dir
Ich sehne mich nach dir.

Ŝi/li estas tre simpatia.
Sie/er ist sehr sympatisch.

Ŝi/li estas tiom dolĉa.
Sie/er ist so süß.

Estis amo je unua rigardo.
War Liebe (um) erster Blick
Es war Liebe auf den ersten Blick.

Finiĝis kun ŝi/li.
Schluss-wurde mit ihr/ihm
Es ist Schluss mit ihr/ ihm.

Ŝi/li forlasis min.
Sie/er hat mich verlassen.

Einige wichtige Worte für die etwas gemütlicheren Stunden:

flirti	flirten
tuŝi	berühren
palpi	betasten
fingrumi *Finger-(um)*	(herum)fummeln
karesi	streicheln
karesumi *streicheln-(um)*	schmusen
knedi	kneten

kisi	küssen
umi	irgendetwas tun, hier: herummachen
preventi	verhüten
amori	miteinander „schlafen" (pos. Ausdruck)
fiki	vögeln
graveda	schwanger
gravediĝi	schwanger werden
koncipi	schwanger werden, empfangen

Körperliches

buŝo	Mund
lipo	Lippe
lango	Zunge
mano	Hand
mamo	Busen
kokso	Hüfte
ventro	Bauch
femuro	Oberschenkel
postaĵo *nach-Sache*	Hintern
preventilo *verhüten-Mittel*	Verhütungsmittel
kontraŭkoncipilo *gegen-empfangen-Mittel*	Verhütungsmittel
kondomo	Kondom
pilolo	Pille, hier: Antibaby-Pille
peniso (kaco)	Penis (Schwanz)
vagino (piĉo)	Scheide (Muschi)

... und was daraus wird

Beim Heiraten wird es gleich etwas komplizierter:

edzo	Ehemann
edzino	Ehefrau

Ni volas geedziĝi.
Wir wollen beidgeschl.-Ehepartner-werden
Wir wollen heiraten.

Li edzigas al si.
Er Ehemann-wird zu ihr
Er heiratet sie.

Ŝi edziniĝas al li.
Sie Ehefrau-wird zu ihm
Sie heiratet ihn.

In Kontakt bleiben

Nach einer **Pasporta Servo**-Reise oder einem internationalen Treffen kann sich schon mal jene Sehnsucht einstellen, die die Esperanto-Rockgruppe „Amplifiki" in ihrem bekanntesten Lied **Sola** (= „Einsam") besungen hat. Aber das war in den 1980-er Jahren – und da gab es ja weder Internet noch SMS.

Internet

Es scheint, die Espis hätten nur darauf gewartet, dass das Internet endlich kommt: Seit Anbeginn gehört Esperanto zu den meistbenutzten Sprachen im WWW! Ob man die Sprache lernen will, mit Leuten in Brasilien, Mali oder Japan chatten möchte oder einfach Infos über die nächsten Treffen sucht – über den Suchbegriff **Esperanto** findet man unzählige Links.

Wer im Internet originalgetreu mit allen Sonderzeichen schreiben und die neusten Zeichensätze herunterladen will, wird bei den gängigen Suchmaschinen mit dem Suchbegriff **tiparoj** (= Zeichensätze) fündig. Natürlich gibt es auch eine einfache Umschrift, bei der die Überzeichen durch ein **x** ersetzt werden:

Cx, **cx**, **Gx**, **gx**, **Hx**, **hx**, **Jx**, **jx**, **Sx**, **sx**, **Ux**, **ux**

Seltener findet sich auch statt des **x** ein **^** oder **>**: **C^**, **c^** etc. / **C>**, **c>** etc.

komputilo	Computer
komputi	„computern“
Tut-Tera Teksajxo (TTT)	World Wide Web (WWW)
reto (interreto)	Internet
retumi	im Internet surfen
retadreso	Internet-Adresse
retpagxo	Internet-Seite, Web-Seite
hejmpagxo	Homepage
per retposxto	per E-Mail
retmesagxo	E-Mail-Nachricht
retposxti, retmesagxi	mailen
retposxta adreso	E-Mail-Adresse
heliko *(Schnecke)*	@

Hier einige empfehlenswerte Einstiegsseiten:

Deutschsprachige Links zu Esperanto-Organisationen in Deutschland, Österreich und der Schweiz, Online-Sprachkurse, Online-Wörterbücher, Veranstaltungen und vieles mehr gibt es unter:
www.esperanto.net/info/index_de.html

Als esperantosprachiges Portal zur Esperanto-Welt im WWW bietet sich die „Virtuelle Esperanto-Bibliothek“ an:
www.esperanto.net/veb

Ein alternatives esperantosprachiges Portal mit tagesaktuellen Schwerpunkten ist die Einstiegsseite:
www.esperanto.nu

Infos (in Esperanto und Englisch) über Musikgruppen, die in Esperanto singen, sowie kostenlose Downloads gibt es bei:
www.vinilkosmo.com

Eine aktuelle Auflistung aller Radiosender mit esperantosprachigen Programmen finden sich samt Sendezeiten und Frequenzen unter:
www.osiek.org/aera/

Last but not least – für ICQ-Fans gibt es eine Liste esperantosprechender User unter:
esperanto.digiweb.com.br/icq/icqlisto.htm

Telefon, Handy & SMS

Wichtiger Tipp: wenn man einen Espi anruft, sollte man zu Beginn möglichst deutlich ein **„Saluton!"** in den Hörer raunen – vor allem, wenn der Gegenüber nicht mit dem Anruf rechnet. Es dauert in der Regel einen kleinen Moment, bis der Gesprächspartner geistig auf Esperanto umgeschaltet hat.

Übrigens sollte man danach ruhig ein paar Takte Smalltalk einstreuen (siehe auch das Kapitel „Begrüßung und Anrede"), denn das ziemlich deutsche Mit-der-Tür-ins-Haus-fallen am Telefon stößt in vielen anderen Kulturen auf wenig Gegenliebe.

Saluton, ĉi-tie estas Harald!
Hallo, hier ist Harald!

Ĉu Viviana estas hejme?
(Ob) Viviana ist zu-Hause
Ist Viviana zu Hause?

Ĉu mi povas paroli kun Igor?
(Ob) ich kann sprechen mit Igor
Kann ich mit Igor sprechen?

Ĉu ŝi/li povas revoki min?
(Ob) sie/er kann rückrufen mich
Kann sie/er mich zurückrufen?

He, kia surprizo!
Mensch, was für eine Überraschung!

Kiel la tempo pasas!
Wie die Zeit vergeht!

Ĉu mi ĝenas?
(Ob) ich störe
Stör ich (gerade)?

Ĉu vi urĝiĝas ien?
(Ob) du in-Eile-bist irgendwohin
Bist du gerade auf dem Sprung (irgendwohin)?

Ĉu mi revoku poste?
(Ob) ich rückrufen-soll später
Soll ich später wieder anrufen?

Mi alvokas ĉar ...
Ich rufe an, weil ...

Ein Telefongespräch zu beenden, ist auch manchmal eine Kunst ...

Ni restu en kontakto!
Wir bleiben in Kontakt!

Ni do baldaŭ denove telefonu!
Wir also bald von-neuem telefonieren-sollen
Lass uns bald mal wieder telefonieren!

Mi ree alvokos vin sekvan sabaton!
Ich wieder anrufe dich nächsten Samstag
Ich rufe dich nächsten Samstag noch mal an!

Mi sendos tiam mesaĝeton/SMS-n (so-mo-son)!
Ich schicke dann eine SMS!

Lasu mesaĝon ĉe mia telefonrespondilo!
Lass eine Nachricht auf meinem Anrufbeantworter!

Mia poŝtelefono ne havas retkonekton!
Mein Handy hat keine Netzverbindung!

Vi estas nekredebla babilemulo!
Du bist eine unglaubliche Quasselstrippe!

Salutu viajn gepatrojn (de mi)!
Grüße deine Eltern (von mir)!

Ĝis tiam!
Bis denn!

Beim SMSen wird die Umschrift der Sonderzeichen (**Cx**, **cx** etc.) verwendet.

Feste

Zum Geburtstag von Ludwig Zamenhof (15.12.1859) treffen sich jährlich Esperantisten im kleinen Kreis, meist in Form eines **kafoklaĉo**. Mit der Zeit hat sich in manchen Kreisen daraus eine Art „Tag des Buches" entwickelt, an dem man sich gegenseitig Esperanto-Literatur schenkt. Alle weiteren Feste und Feiertage werden nach den nationalen Traditionen gefeiert:

solen(aĵ)o	Feier(lichkeit)
festo	Fest
festeno	Festessen
bankedo	Bankett
bufedo	Buffet
naskiĝtago	Geburtstag
geedziĝo/nupto	Hochzeit/Trauung
jubileo	Jubiläum

kristnasko	Weihnachten
silvestro	Silvester
novjaro	Neujahr
pasko	Ostern (bzw. Pesach)
pentekosto	Pfingsten
ramadano	Ramadan

Krank sein

Natürlich ist die Wahrscheinlichkeit, im alltäglichen Leben einen Arzt mit Esperanto-Kenntnissen zu finden, äußerst gering. In **Esperantujo** allerdings kannst du schon davon ausgehen, dass z. B. auf größeren Treffen auch ein Arzt unter den Teilnehmern ist. Bist du mit **Pasporta Servo** unterwegs, wird dir sicher dein Gastgeber bei einem Arztbesuch helfen und gegebenenfalls übersetzen.

Mi malbonfartas.
Ich Ggtl.-gut-befinde
Mir ist nicht gut.

Mi estas malsana.
Ich bin Ggtl.-gesund
Ich bin krank.

Cu vi konas bonan kuraciston?
(Ob) du kennst guten heilen-Beruf
Kennst du einen guten Arzt?

Mia piedo elartikiĝis.
Mein Fuß aus-Gelenk-wurde
Ich habe mir den Fuß ausgerenkt.

Mia kapo/gorĝo/stomako doloras.
Mein Kopf/Hals/Magen schmerzt
Ich habe Kopf-/Hals-/Magenschmerzen.

Mi kaptis malvarmumon/tuson.
Ich fing Ggtl.-warm-(um)-Subst./Husten
Ich habe mir eine/n Erkältung/Husten geholt.

Mi havas febron/gripon/diareon/infekton.
Ich habe Fieber/Grippe/Durchfall/eine Infektion.

Estas granda kontuzo sur mia brako.
Ist großer blauer Fleck auf meinem Arm
Es ist ein großer blauer Fleck auf meinem Arm.

Mi verŝajne rompis brakon/kruron.
Ich wahr-scheinen-Adv. brach Arm/Bein
Ich habe wahrscheinlich ein/en Arm/Bein gebrochen.

La vondo sangas/pusas.
Die Wunde blutet/eitert.

Cu mi devos iri al hospitalo?
(Ob) ich werde-müssen gehen zu Hospital
Muss ich ins Krankenhaus gehen?

Abkürzungen

E-o	**= Esperanto**	
ktp.	**= kaj tiel plu**	usw. (und so weiter)
i.a.	**= interalie**	u. a. (unter anderem)
t.e.	**= tio estas**	d. h. (das heißt)
bv.	**= bonvolu**	bitte
ekz.	**= ekzemple**	z. B. (zum Beispiel)
evtl.	**= eventuale**	evtl. (eventuell)
resp.	**= respektive**	bzw. (beziehungs-weise)
s-ro	**= sinjoro**	Hr. (Herr)
s-ino	**= sinjorino**	Fr. (Frau)
d-ro	**= doktoro**	Dr. (Doktor)
d-ino	**= doktorino**	Fr. Dr. (Frau Doktor)
k-do	**= kamarado**	Kamerad, Genosse
k-ino	**= kamaradino**	„Kameradin", Genossin
s-ano	**= samideano**	„Gleichgesinnter"
s-anino	**= samideanino**	„Gleichgesinnte"

Organisationen & Verbände

Wenn du Kontakte im In- und Ausland suchst, Infos über Esperanto-Kurse und -Treffen haben möchtest, dich für den **Pasporta Servo** interessierst oder sonst etwas auf dem Herzen hast, wende dich an folgende Adressen:

Germana Esperanto-Asocio

Deutscher Esperanto-Bund
Immentalstr. 3
79104 Freiburg
Tel. 0800-ESPERANTO
Fax 0761-289296

Germana Esperanto-Junularo

Deutsche Esperanto-Jugend
Einbecker Str. 36
10317 Berlin
Tel. 030-42857899
www.esperanto.de/dej/

Österreichischer Esperantisten-Verband
Postfach 28
AT-1014 Wien
Tel. +43-664-2448793
http://aef.esperanto.at

Österreichische Esperanto-Jugend
Postfach 804
AT-8011 Graz
Tel. 01-5357023
http://aej.esperanto.at

Schweizerische Esperanto-Gesellschaft
p/a Bruno Graf
Jurastr. 23
CH-3063 Ittingen
Tel. 031-9214459
www.esperanto.ch/ses

Junges Esperanto Schweiz
Postfach 3324
CH-4002 Basel
www.jesperanto.ch

Auf internationaler Ebene sind die jeweiligen Landesverbände im Welt-EsperantoBund **UEA** (**Universala Esperanto-Asocio**) bzw. der Weltweiten Esperanto Jugendorganisation **TEJO** (**Tutmonda Esperarntista Jurnulara Organizo**) zusammengeschlossen:

UEA / TEJO
Nieuwe Binnenweg 176
NL-3015 BJ Rotterdam
www.uea.org / www.tejo.org

Jahrbuch & Delegiertennetz

Der Welt-Esperanto-Bund gibt jedes Jahr das sog. **Jarlibro** (Jahrbuch) heraus, in dem alle Landesorganisationen, internationale Fachverbände, Institutionen, ein weltweites Delegiertennetz etc. zu finden sind. Das **Delegiertennetz** besteht aus über 2000 Personen aus allen Teilen der Welt.

Die Personen des Deligiertennetzes bieten z. B. kostenlos ihre Dienste in verschiedenen Fachbereichen an oder können bei Reisen vor Ort behilflich sein.

Esperanto im Internet

Unabhängig davon kann man natürlich auch einfach das Wort „Esperanto" oder einen bestimmten Esperanto-Begriff in irgendeiner Suchmaschine eingeben und sich selbst auf die Suche machen.

Neben den vier hier schon genannten Einstiegsseiten der deutschen, österreichischen, schweizerischen und internationalen Esperanto-Bewegung bietet sich als Einstiegsseite z. B. das Portal www.esperanto.net an, wo es eine Übersicht vieler Info-Materialien über Esperanto in allen möglichen Nationalsprachen gibt, sowie die **Virtuela Esperanto-Biblioteko (VEB)** (www.esperanto.net/veb/), eine besonders umfangreiche, thematisch geordnete Linksammlung zu Esperanto-Verbänden sowie -Rockgruppen, Verlagen und Internetbüchern wie -Radiosendern oder Chatgroups. Die virtuelle Bibliothek ist allerdings auf Esperanto, wie auch das Angebot der sehr nett aufgemachten Einstiegsseite www.esperanto.nu mit tagesaktuellen Meldungen.

Radioprogramme in Esperanto

Auf Kurzwelle, d. h. nur mit einem guten Radioempfänger empfangbar und mit einem gewissen Rauschen unterlegt, kannst du täglich mehrere Stunden esperantosprachige Radiosendungen empfangen – aus Warschau und dem Vatikan ebenso wie z. B. aus Havanna und Peking. In guter Audioqualität gibt es Ausschnitte aus Sendungen in der Regel auch auf den jeweiligen Internetseiten der Sender. Eine aktuelle Auflistung der Senderseiten und -frequenzen findet sich im Internet unter www.osiek.org/aera/#fre

Lehrbücher & Literatur

Wenn du Lust bekommen hast, Esperanto weiter zu lernen, besuche am besten einen Anfängerkurs. Sie werden zumeist von Volkshochschulen oder lokalen Esperanto-Gruppen angeboten. Eine Liste überregionaler Wochenend-Intensivkurse erhältst du bei den schon genannten Esperanto-Verbändern des deutschsprachigen Raums.

Für das Selbststudium ist zu empfehlen:

Esperanto – Schritt für Schritt
Ein neuer Einsteigerkurs (nicht nur) für Jugendliche von Thomas Pusch und Klaus Dahmann, drei Hefte mit insgesamt 140 Seiten, erhältlich bei den Esperanto-Verbänden des deutschsprachigen Raums.

Gerda malaperis (Gerda ist verschwunden)
Lehrbuch-Roman von Claude Piron mit Wörterliste Esperanto – Deutsch als Begleitheft. Erhältlich im Esperanto-Versandbuchhandel (oder kostenlos im Internet unter www.esperanto.org/gerda/anonco-de.html).

Auch im Internet gibt es einen deutschsprachigen Esperanto-Fernkurs mit persönlichem Coaching per E-Mail (nähere Infos unter www.esperanto.de, www.esperanto.at. und www.esperanto.ch).

Folgende Wörterbücher sind zu empfehlen:

Wörterbuch Deutsch – Esperanto
Erich-Dieter Krause, 2. Aufl. Langenscheidt Verlag Enzyklopädie. Rund 40.000 Stichwörter, gebundene Ausgabe, ISBN 3-324-00290-7.

Großes Wörterbuch Esperanto – Deutsch
Erich-Dieter Krause, 1999 Verlag E. Buske, Hamburg. Gebundene Ausgabe.
ISBN 3-87548-193-3.

Literatur, Zeitschriften, Videos, Musik-CDs und -kassetten und anderes auf Esperanto gibt es am einfachsten bei überregionalen Esperanto-Versandbuchhandlungen. In Deutschland sind dies unter anderem:

Zeitschriften auf Esperanto und Deutsch werden von den genannten Esperanto-Verbänden des deutschsprachigen Raums herausgegeben. An internationalen Esperanto-Zeitschriften empfehlen sich u. a. **Kontakto**, ein in besonders einfachem Esperanto geschriebenes soziokulturelles Magazin, und das internationale Politik fokussierende Magazin **Monato**.

Buchversand
Dr. Wolfgang Schwanzer
Pfarrer-Steeger-Str. 9
55129 Mainz
Tel. & Fax +49-6136-46232

Esperanto-Centro Berlin
Rheinstr. 9
12159 Berlin
Tel. & Fax +49-30-85961383
www.snafu.de/~behrmann
behrmann@snafu.de

D*iese Wörterliste umfasst ca. 1000 Wörter, die es dir ermöglichen, jeden mittelschweren Esperanto-Text zu verstehen und sogar Briefe zu schreiben. Mit Hilfe der Wortbildungssilben kannst du diesen relativ kleinen Grundwortschatz problemlos um ein Vielfaches vergrößern.*

Beachte, dass alle Wörter stets in ihrer ***Ausgangsform*** *angegeben sind. So gehört zum Gebrauch des Deutsch-Esperanto-Teils schon etwas Übung, denn viele Wörter sind als Einzelvokabeln nicht in der Liste enthalten. Solltest du also ein gebräuchliches Wort nicht finden, kannst du davon ausgehen, dass es entweder mit Hilfe des Wortklassen- oder des Wortbildungssystems von einem anderen Stichwort abgeleitet wird. Z. B.: „Strafe" ist das Substantiv zu „bestrafen" (=* **puni***), also* **puno***; „hassen" ist das Gegenteil von „lieben" (=* **ami***) und heißt daher* **malami***; „Schlüssel" ist ein Hilfsmittel zum „abschließen" (=* **ŝlosi***), also* **ŝlosilo** *usw. Nicht in der Liste enthalten sind z. B. Monats- und Pflanzennamen, da sie in entsprechenden Kapiteln in Form von Wortfeldern aufgeführt sind.*

A

Abend vespero
aber sed
Abfall rubo
abhängen dependi
abschließen ŝlosi
acht ok
Adresse adreso
ähnlich simila
aktiv aktiva
akzeptieren akcepti
Alkohol alkoholo
allein sola
alles ĉio
also do
Alter aĝo
amüsant amuza
an ĉe
an ... vorbei preter
anbeten adori
anbieten oferti
andere/r/s alia
ändern ŝanĝi
Angelegenheit afero
angenehm agrabla
angreifen ataki
ankündigen anonci
ansehen rigardi
anstatt anstataŭ
sich anstrengen streĉi
antworten respondi
Apfel pomo
Apparat aparato
Appetit apetito
arbeiten labori
Argument argumento
Arm brako
Armut mizero
atmen spiri
auch ankau

auf sur
Aufgabe tasko
aufhören ĉesi
aufmerksam atent(em)a
aufrichtig sincera
auftauchen aperi
Auge okulo
aus el
Ausflug ekskurso
sich ausruhen ripozi
aussehen aspekti
aussprechen prononci
Ausstellung ekspozicio
aussuchen elekti
Auto aŭto
außer krom
außerhalb (von) ekster

B

Baby bebo
backen baki
baden bani
bald baldaŭ
Ball pilko
Banane banano
Bank (Instit.) banko
Bank (Sitz) benko
Bauch ventro
bauen konstrui
Baum arbo
Becher glaso
bedauern bedaŭri
bedecken kovri
bedeuten signifi
beenden fini
beginnen komenci
begleiten akompani
behandeln trakti
bei ĉe
beide ambaŭ
Bein gambo
Beispiel ekzemplo
Beitrag zahlen kotizi
beklagen (sich) plendi
bekommen ricevi
bemerken rimarki
bemühen (sich) klopodi
beneiden envii
benutzen uzi
Berg monto
berichten raporti
Beruf profesio
berühren tuŝi
beschädigen difekti
Beschäftigung okupo
besitzen posedi
bestellen mendi
bestrafen puni
besuchen viziti
beten preĝi
betrügen trompi
betrunken ebria
Bett lito
bewaffnen armi
bewegen movi
beweisen pruvi
bewundern admiri
bezahlen pagi
beziehungsweise respektive
Bier biero
Bild bildo
bis ĝis
bitten peti
blasen blovi
Blatt folio
blau blua
bleiben resti
blind blinda
Blume floro
Blut sango
Boot boato
brauchen bezoni
braun bruna
brechen rompi
breit vesta, larĝa
brennen bruli
Brett breto
Brief letero
Brot pano
Brötchen bulko
Bruder frato
Brücke ponto
Buch libro
Buchstabe litero
Bürste broso
Bus buso
Butter butero

C

Chance ŝanco

D

da (weil) ĉar
da (dort) tie
da ist (voilà) jen
Dach tegmento
danken danki
dann tiam
das tio
dass ke
Datum dato
dauern daŭri
dehnen streĉi
denken pensi
der/die/das la
deshalb tial

dessen ties
deutsch germana
dicht densa
dick dika
dienen servi
diese/r/s tiu
direkt rekta
diskutieren diskuti
Doktor doktoro
Dorf vilaĝo
dort tie
drängen urĝi
drehen turni
drei tri
drohen, (be-) minaci
drücken premi
du vi
dumm stulta
durch tra
durch (mittels) per
durstig solfa
duschen duŝi

E

egal egala
Ehemann edzo
Ei ovo
eifersüchtig ĵaluza
eigene/r/s propra
einfach simpla
einige kelkaj
einladen inviti
eins unu
Einzelheit detalo
Eis(speise) glaci(aĵ)o
Eisen fero
empfangen akcepti
empfehlen rekomendi
Energie energio
englisch angla
Entfernung distanco
entscheiden decidi
entschuldigen pardoni
entzückend rava
er li
Erde tero
Erfolg haben sukcesi
erinnern (sich) memori
erlangen akiri
erlauben permesi
ermorden murdi
ernst serioza
erreichen atingi
erst nur
erwähnen mencii
erzählen rakonti
es ĝi
essen manĝi
Etage etaĝo
etwas io
existieren ekzisti

F

Fabrik fabriko
fähig kapabla
fahren veturi
Fahrrad biciklo
Fahrschein bileto
Fall kazo
fallen fali
Familie familio
fangen kapti
Farbe koloro
fast preskaŭ
faul pigra
fehlen manki
Fehler eraro
feierlich solena
Feld kampo
Fenster fenestro
Ferien ferioj
Fernsehen televido
fertig preta
Fest festo
fett grasa
Feuer fajro
Figur figuro
Film filmo
finden trovi
Finger fingro
Fisch fiŝo
Flasche botelo
Fleisch viando
fliegen flugi
fliehen fuĝi
fließen flui
Fluss rivero
folgen sekvi
fordern postuli
Form formo
Fortschritte machen progresi
Foto foto
fragen demandi
französisch franca
frei libera
fremd fremda
freuen (sich) ĝoji
Freund amiko
freundlich afabla
Frieden paco
frisch freŝa
fröhlich gaja
Frucht frukto
früh frua
fühlen senti
führen gvidi
fünf kvin
funktionieren funkcii
für por

fürchten timi
Fuß piedo
Fußboden planko

G

ganz tuta
Garten ĝardeno
Gast gasto
gebären naski
geben doni
Geduld pacienco
Gefahr danĝero
gefallen plaĉi
gegen kontraŭ
gegenseitig reciproke
geheim sekreta
gehen iri
gehorchen obei
gehören aparteni
geizig avara
Geld mono
gemäß (laut) laŭ
gemeinsam komuna
Gemüse legomo
genau ekzakta
genießen ĝui
genug sufiĉa
gerade (eben) ĵus
gerecht justa
geschehen okazi
Geschenk donaco
Geschichte historio
Geschlecht sekso
Gesellschaft socio
Gesetz leĝo
Gesicht vizaĝo
gestern hieraŭ
gesund sana
gewinnen gajni
gewohnt sein kutimi
Gitarre gitaro
Glas glaso
glauben kredi
gleich egala
glücklich feliĉa
Gold oro
Gott dio
graben fosi
grausam kruela
Grenze limo
groß granda
groß (breit) larĝa
groß (hoch) alta
Großvater avo
Gruppe grupo
grüßen saluti
gültig valida
günstig oportuna
Gürtel zono
gut bona

H

Haar haro
haben havi
Hafen haveno
halten, (an-) halti
halten, (fest-) teni
Hand mano
handeln agi
hängen pendi
haupt- ĉef
Haus domo
Hausherr mastro
Haut haŭto
heben levi
Heim hejmo
helfen helpi
hell hela
Hemd ĉemizo
Herr (Anrede) sinjoro
Herz koro
heute hodiaŭ
Himmel ĉielo
Hobby hobio
hoch alta
hoffen esperi
höflich ĝentila
Holz ligno
hören aŭdi
Hose pantalono
Hotel hotelo
Hund hundo
hundert cent
Hut ĉapelo

I

ich mi
Idee ideo
ihr (plural) vi
immer ĉiam
in en
informieren informi
innere/r/s interna
Insel insulo
intelligent inteligenta
interessant interesa
irgend- ajn
irgendwann iam
irgendwie iel
irgendwo ie

J

ja jes
ja (doch) ja
Jacke jako

jagen ĉasi
Jahr jaro
Jahreszeit sezono
je (pro) po
jeder ĉiu
jemand iu
jenseits trans
jetzt nun
jung juna
Junge knabo

K

Kaffee kafo
Kalender kalendaro
kämpfen batali
Karte karto
Kasse kaso
Katze kato
kaufen aĉeti
kaum apenaŭ
Keller kelo
kennen koni
Kilogramm kilogramo
Kind infano
klar klara
Klavier piano
kleben glui
Kleid robo
kleiden vesti
klingeln sonori
klingen soni
klopfen frapi
kochen kuiri
Koffer valizo
kommen veni
Kongress kongreso
König reĝo
können (Mögl.) povi
können (Fähigk.) scii
Kontakt kontakto
Konzert koncerto
Kopf kapo
Korken korko
Körper korpo
korrespondieren korespondi
kosten kosti
kotzen vomi
Kreis cirklo
Kreuz kruco
Krieg milito
Kuchen kuko
Kunst arto
küssen kisi

L

lachen ridi
laden, (be-) ŝarĝi
Lampe lampo
Land lando
Landkarte mapo
Landschaft pejzaĝo
lang longa
langweilen (sich) enui
Lärm bruo
lassen lasi
laufen kuri
laut laŭta
leben vivi
lebhaft vigla
legen meti
leicht facila
leiden suferi
leihen prunti
lernen lerni
lesen legi
letzte/r/s lasta
Licht lumo
lieb kara
lieben ami
liegen kuŝi
Linie linio
Liste listo
Liter litro
loben laŭdi
Loch truo
Löffel kulero
lösen solvi
Luft aero
lügen mensogi
lustig gaja
lustig machen (sich) moki

M

machen fari
Mal fojo
malen pentri
man oni
Mann viro
Mantel mantelo
Märchen fabelo
Maschine maŝino
Matratze matraco
Mauer muro
Meer maro
mehr ... als pli ... ol
Meinung opinio
meisten (am) plej
Menge amaso
Mensch homo
Meter metro
Milch lakto
mischen miksi
mit kun
Mitglied membro, ano
Mitte mezo

modern moderna
mögen ŝati
Moment momento
Monat monato
Mond luno
Morgen mateno
morgen morgaŭ
müde laca
Mühe peno
Müll rubo
Mund buŝo
Museum muzeo
Musik muziko
müssen devi

N

nach (zeitl.) post
nach (örtl.) al
Nachbar najbaro
Nacht nokto
nackt nuda
nah proksima
Name nomo
Nase nazo
Nation nacio
Natur naturo
neben apud
nehmen preni
nein ne
nett ĉarma, ĝentila
Netz reto
neu nova
neun naŭ
nicht ne
nichts nenlo
nie neniam
niemand neniu
nirgendwo nenie
noch ankoraŭ
Norden nordo
normal normala
nötig necesa
nüchtern sobra
Nummer numero
nur nur
nützlich utila

O

ob ĉu
oben supre
obwohl kvankam
oder aŭ
oft ofte
ohne sen
Ohr orelo
Öko- ekoopfern
Osten oriento
Ordnung ordo
organisieren organizi
Ort loko, ejo

P

Paar paro
packen paki
Papier papero
Park parko
passend konvena
Person persono
Pferd ĉevalo
Pflanze planto
Plan plano
platt plata
Platz placo
Platz (Raum) spaco
plaudern babili
Politik politiko
Polizei polico
Post (Instit.) poŝto
Preis prezo
Problem problemo
Programm programo
Punkt punkto

Q

quälen turmenti
quasi (als ob) kvazaŭ

R

rächen venĝi
Rad rado
Radio radio
Rand rando
rasieren razi
raten, (er-) diveni
rechnen kalkuli
Recht rajto
rechts dekstra
Regel regulo
Regen pluvo
regieren regi
Reglon regiono
reich riĉa
reichlich abunda
reisen vojaĝi
reißen ŝiri
Religlon religio
reparieren ripari
reservieren rezervi
Restaurant restoracio
retten savi
richten (Ziel) direkti
richtig ĝusta, prava
riechen (duften) odori

riskieren riski
Rolle (Theater) rolo
rollen ruli
Rücken dorso
rufen voki
ruhig trankvila
Ruhm famo
rülpsen rukti
rund ronda

S

Sache afero, aĵo
Sack sako
Saft suko
sagen diri
sammeln kolekti
Sand sablo
satt sata
Satz frazo
sauber pura
saufen drinki
schaffen sukcesi
schaffen, (er-) krei
Schallplatte disko
schalten ŝalti
sich schämen honti
scharf akra
schätzen (hoch) estimi
Scheibe disko
scheinen (Anschein) ŝajni
scheinen (Licht) brili
scheißen feki
schicken sendi
Schicksal sorto
schieben puŝi, ŝovi
Schiff ŝipo
Schild ŝildo
schlafen dormi
schlagen bati
schließen fermi
Schmerz doloro
Schnee neĝo
schneiden tranĉi
schnell rapida
schon jam
schön bela
Schrank ŝranko
Schrecken teruro
schreiben skribi
schreien krii
Schritt paŝo
Schuh ŝuo
Schuld kulpo
Schulter ŝultro
schütteln skui
schützen protekti
schwarz nigra
schweigen silenti
schwimmen naĝi
schwitzen ŝviti
sechs ses
sehen vidi
sich sehnen sopiri
sehr tre
Seife sapo
sein esti
Seite (allg.) flanko
Seite (Buch) paĝo
selbe/r/s sama
selbst mem
seltsam stranga
setzen meti
sicher certa, sekura
sie (Einzahl) ŝi
sie (Mehrzahl) ili
sieben sep
siegen, (be-) venki
singen kanti
Sinn senco
Situation situacio
Sitz seĝo
sitzen sidi
Ski fahren skii
so tiel
so (viel) tiom
sofort tuj
sogar eĉ
Sohn filo
Soldat soldato
Sonne suno
sorgen zorgi
sowohl ... als auch ... kaj ... kaj
spanisch hispana
sparen ŝpari
spazieren promeni
speziell speciala
Spiegel spegulo
spielen ludi
Spitze pinto
Sport sporto
Sprache lingvo
sprechen paroli
springen salti
Staat ŝtato
Stadt urbo
stark forta
Station stacio
stattfinden okazi
stechen piki
stehen stari
stehlen ŝteli
Stein ŝtono
stellen meti
sterben morti
Stern stelo
Stimme voĉo
Stimmung etoso
stolz fiera
stören ĝeni

stoßen puŝi
Strahl radio
Strand plaĝo
Straße strato
streicheln karesi
Streichholz alumeto
streiten kvereli
Strom elektro
Stück peco
studieren studi
Stufe ŝtupo
Stunde horo
suchen serĉi
Süden sudo
Suppe supo
süß dolĉa
System sistemo

T

Tag tago
Tal valo
tanzen danci
Tasche poŝo
Tasse taso
Tatsache fakto
tauglich taŭga
täuschen trompi
Taxi taksio
Technik tekniko
Tee teo
Teil parto
teilen dividi
Telefon telefono
Teller telero
Teppich tapiŝo
Teufel diablo
Text teksto
Theater teatro
Thema temo
tief profunda
Tier besto
Tisch tablo
tolerieren toleri
Topf poto
Tourist turisto
tragen porti
Traum sonĝo
träumen, (sich er-) revi
treffen (jmd.) renkonti
treffen (Ziel) trafi
Trick truko
trinken trinki
trocken seka
trösten konsoli
trotz malgraŭ
trotzdem tamen
Tuch tuko
tun fari
Tür pordo
Turm turo

U

üben ekzerci
über (in Bezug auf) pri
über (oberhalb von) super
überall ĉie
Überraschung surprizo
übersetzen traduki
überzeugen konvinki
Ufer bordo
Uhr horloĝo
um je
um ... herum ĉirkaŭ
Umwelt medio
unbedingt nepre
und kaj
Unfall akcidento
Universität universitato
unter sub
unterrichten instrui
Unterschied diferenco
Ursache kaŭzo

V

Vater patro
vegetarisch vegetara
veranstalten aranĝi
verdächtigen suspekti
vergebens vana
vergessen forgesi
vergleichen kompari
Vergnügen plezuro
verkaufen vendi
verlieren perdi
vermeiden eviti
vermuten supozi
verschieden diversa
versorgen provizi
versprechen promesi
verständigen (sich) komuniki
verstecken kaŝi
verstehen kompreni
versuchen provi
verteidigen defendi
vertrauen fidi
verzichten rezigni
viele multaj
vier kvar
Visum vizo
Vogel birdo
Volk popolo
voll plena
von de
vor antaŭ

vorbeigehen pasi
vorbereiten prepari
vorgeben (tun als ob) pretendi
vorschlagen proponi
vorstellen prezenti
vorstellen (sich etwas) imagi
Vorteil avantaĝo
vorwerfen riproĉi
vorziehen preferi

W

wachsen kreski
wahr vera
während dum
wandern migri
wann kiam
warm varma
warnen averti
warten atendi
warum kial
was kio
was für ein/e kia
waschen lavi
Wasser akvo
wechseln ŝanĝi
wecken veki
weg for
Weg vojo
wegen pro
weich mola
weigern (sich) rifuzi
weil ĉar
Wein vino
weinen plori
weise saĝa
weiß blanka
weit vasta
weiter plu
welche/r/s kiu
Welt mondo
wenigstens almenaŭ
wenn (falls) se
wer kiu
werben varbi
werfen ĵeti
Wert sein valori
wessen kies
Westen okcidento
wetten veti
Wetter vetero
wichtig grava
widerstehen rezisti
wie kiel
wiederholen ripeti
wie viel kiom
Wind vento
wir ni
wirklich vera
wischen viŝi
wissen scii
Wissenschaft scienco
Witz ŝerco
Woche semajno
wohnen loĝi
Wolke nubo
wollen voli
Wort vorto
wundern (sich) miri
wünschen deziri
wütend sein koleri

Z

Zahl nombro
Zahn dento
zaubern sorĉi
zehn dek
Zeichen signo
zeichnen desegni
zeigen montri
Zeit tempo
Zeitung gazet, ĵurnalo
Zeitschrift revuo
Zelt tendo
Zentrum centro
zerstören detrui
ziehen tiri
Ziel celo
Zigarette cigaredo
Zimmer ĉambro
Zitrone citrono
zittern tremi
Zone zono
Zoo zoo
zu (nach) al
zu (sehr) tro
Zufall hazardo
zufrieden kontenta
Zug trajno
zugeben konfesi
zuhören aŭskulti
Zustand stato
zustimmen konsenti
zwar ja
zwei du
zweifeln dubi
Zweig branĉo
zwischen inter

A

abunda reichlich
aĉeti kaufen
admiri bewundern
adori anbeten
adreso Adresse
aero Luft
afabla freundlich, umgänglich
afero Angelegenheit, Sache
agi handeln
agrabla angenehm
aĝo Alter
ajn irgend
akcepti empfangen, akzeptieren
akcidento Unfall
akiri erlangen
akompani begleiten
akra scharf
aktiva aktiv
akvo Wasser
al zu, nach
alia andere/r/s
alkoholo Alkohol
almenaŭ wenigstens
alta hoch, groß
alumeto Streichholz
amaso Menge
ambaŭ beide
ami lieben
amiko Freund/in
amuza amüsant
angulo Ecke
angla englisch
ankaŭ auch
ankoraŭ noch
anonci ankündigen
anstataŭ anstatt
antaŭ vor
aparato Apparat
aparteni gehören
apenaŭ kaum
aperi auftauchen
apetito Appetit
apud neben
aranĝi veranstalten
arbo Baum
argumento Argument
armi bewaffnen
arto Kunst
aspekti aussehen
ataki angreifen
atendi warten
atenta aufmerksam
atingi erreichen
aŭ oder
aŭdi hören
aŭskulti zuhören
aŭto Auto
avantaĝo Vorteil
avara geizig
averti warnen
avo Großvater

B

babili plaudern
baki backen
baldaŭ bald
banano Banane
bani baden
banko Bank (Instit.)
batali kämpfen
bati schlagen
bebo Baby
bedaŭri bedauern
bela schön
benko Bank (Sitzgelegenheit)
besto Tier
bezoni brauchen
biciklo Fahrrad
biero Bier
bileto Fahrkarte
bildo Bild
birdo Vogel
blanka weiß
blinda blind
blovi blasen
blua blau
boato Boot
bona gut
bordo Ufer
botelo Flasche
brako Arm
branĉo Zweig
breto Brett
brili scheinen, glänzen
broso Bürste
bruli brennen
bruna braun
bruo Lärm
buso Bus
buŝo Mund
butero Butter

C

celo Ziel
cent hundert
centro Zentrum
certa sicher
cigaredo Zigarette
cirklo Kreis
citrono Zitrone

Ĉ

ĉambro Zimmer
ĉapelo Hut
ĉar weil
ĉarma nett
ĉasi jagen
ĉe bei, an
ĉef- haupt-
ĉemizo Hemd
ĉesi aufhören
ĉevalo Pferd
ĉi (Näherliegend)
ĉiam immer
ĉie überall
ĉielo Himmel
ĉio alles
ĉirkaŭ um ... herum
ĉiu jeder
ĉu (Fragepron.), ob

D

da (Teilungsart.)
danci tanzen
danĝero Gefahr
danki danken
dato Datum
daŭri dauern
de von
decidi entscheiden
defendi verteidigen
dek zehn
dekstra rechts
demandi fragen
densa dicht
dento Zahn
dependi abhängen
desegni zeichnen
detalo Einzelheit
detrui zerstören
devi müssen
deziri wünschen
dika dick
diablo Teufel
difekti beschädigen
diferenco Unterschied
dio Gott
direkti richten (Ziel)
diri sagen
disko Scheibe, Platte
diskuti diskutieren
distanco Entfernung
diveni (er)raten
diversa verschieden
dividi teilen
do also
doktoro Doktor
dolĉa süß
doloro Schmerz
domo Haus
donaco Geschenk
doni geben
dormi schlafen
dorso Rücken
drinki saufen
du zwei
dubi zweifeln
dum während
duŝi duschen

E

ebria betrunken
eĉ sogar
edzo Ehemann
egala egal, gleich
eko- Öko-
ekskurso Ausflug
ekspozicio Ausstellung
ekster außerhalb (von)
ekzakta genau
ekzemplo Beispiel
ekzerci üben
ekzisti existieren
el aus
elekti aussuchen
elektro Strom
en in
energio Energie
enui sich langweilen
envii beneiden
eraro Fehler
esperi hoffen
esti sein
estimi (hoch)schätzen
etaĝo Etage
etoso Stimmung
eviti vermeiden

F

fabelo Märchen
fabriko Fabrik
facila leicht
fajro Feuer
fakto Tatsache
fali fallen
famo Ruhm
familio Familie
fari tun, machen
feki scheißen
feliĉa glücklich
fenestro Fenster
fero Eisen
ferioj Ferien
fermi schließen
festo Fest
fidi vertrauen
fiera stolz

figuro Figur
filo Sohn
filmo Film
fingro Finger
fini beenden
fiŝo Fisch
flanko Seite (allg.)
flava gelb
floro Blume
flugi fliegen
flui fließen
fojo Mal
folio Blatt
for weg
forgesi vergessen
formo Form
forta stark
fosi graben
foto Foto
franca französisch
frapi klopfen
frato Bruder
frazo Satz
fremda fremd
freŝa frisch
frua früh
frukto Frucht
fuĝi fliehen
funkcii funktionieren

G

gaja fröhlich, lustig
gajni gewinnen
gambo Bein
gasto Gast
gazeto Zeitung
germana deutsch
gitaro Gitarre
glaci(aĵ)o Eis(speise)
glaso Glas, Becher
glata glatt
glui kleben
granda groß
grasa fett
grava wichtig
grupo Gruppe
gvidi führen

Ĝ

ĝardeno Garten
ĝeni stören
ĝentila höllich
ĝi es
ĝis bis
ĝoji sich freuen
ĝui genießen
ĝusta richtig

H

halti (an)halten
haro Haar
haŭto Haut
haveno Hafen
havi haben
hazardo Zufall
hejmo Heim
hela hell
helpi helfen
hieraŭ gestern
hispana spanisch
historio Geschichte
hobio Hobby
hodiaŭ heute
honti sich schämen
homo Mensch
horo Stunde
horloĝo Uhr
hotelo Hotel
hundo Hund

I

iam irgendwann
ideo Idee
ie irgendwo
iel irgendwie
ili sie (Mehrzahl)
imagi sich vorstellen
infano Kind
informi informieren
instrui unterrichten
insulo Insel
inteligenta intelligent
inter zwischen
interesa interessant
interna innere/r/s
inviti einladen
io etwas
iri gehen
iu jemand

J

ja ja, doch, zwar
jako Jacke
jam schon
jaro Jahr
je (um)
jen da ist, volià
jes ja
juna jung
justa gerecht

Ĵ

ĵaluza eifersüchtig
ĵeti werfen
ĵurnalo Zeitung
ĵus gerade eben

K

kafo Kaffee
kaj und
kaj ... kaj ... sowohl ... als auch ...
kalendaro Kalender
kalkuli rechnen
kampo Feld
kanti singen
kapabla fähig
kapo Kopf
kapti fangen
kara lieb
karesi streicheln
karto Karte
kaso Kasse
kaŝi verstecken
kato Katze
kaŭzo Ursache
kazo Fall
ke dass
kelkaj einige
kelo Keller
kia was für ein/e
kial warum
kiam wann
kie wo
kiel wie
kies wessen
kilogramo Kilogramm
kio was
kiom wie viel
kisi küssen
kiu wer, welche/r/s
klara klar
klopodi sich bemühen
knabo Junge
kolekti sammeln
koleri wütend sein
koloro Farbe
komenci beginnen
kompari vergleichen
kompreni verstehen
komuna gemeinsam
komuniki s. verständigen
koncerto Konzert
konfesi zugeben
kongreso Kongress
koni kennen
konsenti zustimmen
konsoli trösten
konstrui bauen
kontakto Kontakt
kontenta zufrieden
kontraŭ gegen
konvena passend
konvinki überzeugen
korespondi korrespondieren
korko Korken
koro Herz
korpo Körper
kosti kosten
kotizi Beitrag zahlen
kovri bedecken
kredi glauben
krei (er)schaffen
kreski wachsen
krii schreien
krom außer
kruco Kreuz
kruela grausam
kuiri kochen
kuko Kuchen
kulero Löffel
kulpo Schuld
kun mit
kuri laufen
kuŝi liegen
kutimi gewohnt sein
kvankam obwohl
kvar vier
kvazaŭ quasi, als ob
kvereli streiten
kvin fünf

L

la der, die, das
labori arbeiten
laca müde
lakto Milch
lampo Lampe
lando Land
larĝa groß, breit
lasi lassen
lasta letzte/r/s
laŭ gemäß, laut
laŭdi loben
laŭta laut
lavi waschen
legi lesen
legomo Gemüse
leĝo Gesetz
lerni lernen
letero Brief
levi heben
li er
libera frei
libro Buch
ligno Holz
limo Grenze
lingvo Sprache

linio Linie
listo Liste
litero Buchstabe
lito Bett
litro Liter
loĝi wohnen
loko Ort
longa lang
ludi spielen
lumo Licht
luno Mond

M

malgraŭ trotz
manĝi essen
manki fehlen
mano Hand
mantelo Mantel
mapo Landkarte
maro Meer
mastro Hausherr
maŝino Maschine
mateno Morgen
matraco Matratze
medio Umwelt
mencii erwähnen
mensogi lügen
mem selbst
membro Mitglied
memori sich erinnern
mendi bestellen
meti setzen, stellen, legen
metro Meter
mezo Mitte
mi ich
migri wandern
miksi mischen
milito Krieg
minaci bedrohen
miri sich wundern
mizero Armut
moki s. lustig machen
mola weich
momento Moment
monato Monat
mondo Welt
mono Geld
monto Berg
montri zeigen
morgaŭ morgen
morti sterben
movi bewegen
multaj viele
murdi ermorden
muro Mauer
muzeo Museum
muziko Musik

N

nacio Nation
naĝi schwimmen
najbaro Nachbar
naski gebären
naturo Natur
naŭ neun
nazo Nase
ne nein, nicht
necesa nötig
neĝo Schnee
neniam nie
nenie nirgendwo
nenio nichts
neniu niemand
nepre unbedingt
ni wir
nigra schwarz
nokto Nacht
nombro Zahl
nomo Name
nordo Norden
normala normal
nova neu
nubo Wolke
nuda nackt
numero Nummer
nun jetzt
nur nur, erst

O

obei gehorchen
odori riechen, duften
oferi opfern
oferti anbieten
ofte oft
ok acht
okazi geschehen
okcidento Westen
okulo Auge
okupo Beschäftigung
oni man
opinio Meinung
oportuna günstig
ordo Ordnung
orelo Ohr
organizi organisieren
oriento Osten
oro Gold
ovo Ei

P

pacienco Geduld
paco Frieden
pafi schießen
pagi bezahlen
paĝo Seite (Buch)

paki packen
pano Brot
pantalono Hose
papero Papier
pardoni entschuldigen
parko Park
paro Paar
paroli sprechen
parto Teil
pasi vorbeigehen
paŝo Schritt
patro Vater
peco Stück
pejzaĝo Landschaft
peno Mühe
pendi hängen
pensi denken
pentri malen
per durch, mittels
perdi verlieren
permesi erlauben
persono Person
peti bitten
piano Klavier
piedo Fuß
pigra faul
piki stechen
pilko Ball
pinto Spitze
placo Platz
plaĉi gefallen
plaĝo Strand
plano Plan
planko Fußboden
planto Pflanze
plata platt
plej am meisten
plena voll
plendi sich beklagen
plezuro Vergnügen
pli ... ol mehr ... als
plori weinen
plu weiter
pluvo Regen
po je, pro
polico Polizei
politiko Politik
pomo Apfel
ponto Brücke
popolo Volk
por für
pordo Tür
porti tragen
posedi besitzen
post nach (zeitl.)
postuli fordern
poŝo Tasche
poŝto Post (Instit.)
poto Topf
povi können
prava richtig
preferi vorziehen
preĝi beten
premi drücken
preni nehmen
prepari vorbereiten
preskaŭ fast
preta fertig
pretendi vorgeben (tun als ob)
preter an ... vorbei
prezenti vorstellen, präsentieren
prezo Preis
pri über, in Bezug auf
pro wegen
problemo Problem
profesio Beruf
profunda tief
progresi Fortschritte machen
programo Programm
proksima nah
promeni spazieren
promesi versprechen
proponi vorschlagen
prononci aussprechen
propra eigene/r/s
protekti beschützen
provi versuchen
provizi versorgen
prunti leihen
pruvi beweisen
puni bestrafen
punkto Punkt
pura sauber, rein
puŝi stoßen, schieben

R

radio Radio, Strahl
rado Rad
rajto Recht
rakonti erzählen
rando Rand
rapida schnell
raporti berichten
rava entzückend
razi rasieren
reciproke gegenseitig
regi regieren
regiono Region
regulo Regel
reĝo König
rekomendi empfehlen
rekta direkt
religio Religion
renkonti treffen
respektive beziehungsweise
respondi antworten
resti bleiben

restoracio Restaurant
reto Netz
revi (sich er)träumen
revuo Zeitschrift
rezervi reservieren
rezigni verzichten
rezisti widerstehen
ricevi bekommen
riĉa reich
ridi lachen
rifuzi sich weigern
rigardi ansehen
rimarki bemerken
ripari reparieren
ripeti wiederholen
ripozi sich ausruhen
riproĉi vorwerfen
riski riskieren
rivero Fluss
robo Kleid
rolo Rolle
rompi brechen
ronda rund
rubo Müll, Abfall
rukti rülpsen
ruli rollen

S

sablo Sand
saĝa weise
sako Sack
salti springen
saluti grüßen
sama selbe/r/s
sana gesund
sango Blut
sapo Seife
sata satt
savi retten
scienco Wissenschaft
scii wissen, können
se wenn, falls
sed aber
seĝo Sitz
seka trocken
sekreta geheim
sekso Geschlecht
sekura sicher
sekvi folgen
semajno Woche
sen ohne
senco Sinn
sendi schicken
senti fühlen
sep sieben
serĉi suchen
servi dienen
ses sechs
sezono Jahreszeit
si sich (Refl.pron.)
sidi sitzen
signo Zeichen
signifi bedeuten
silenti schweigen
simila ähnlich
simpla einfach
sinjoro Herr (Anrede)
sincera aufrichtig
sistemo System
situacio Situation
skii Ski fahren
skribi schreiben
skui schütteln
sobra nüchtern
socio Gesellschaft
soifa durstig
sola allein
soldato Soldat
solena feierlich
solvi lösen
soni klingen, tönen
sonĝo Traum
sonori klingeln
sopiri sich sehnen
sorĉi zaubern
sorto Schicksal
spaco Platz, Raum
speciala speziell
spegulo Spiegel
spiri atmen
sporto Sport
stacio Station
stari stehen
stato Zustand
stelo Stern
stranga seltsam
strato Straße
studi studieren
stulta dumm
sub unter
sudo Süden
suferi leiden
sufiĉa genug
sukcesi schaffen, Erfolg haben
suko Saft
suno Sonne
super über, oberhalb von
supo Suppe
supozi vermuten
supre oben
sur auf
surprizo Überraschung
suspekti verdächtigen

Ŝ

ŝajni scheinen
ŝalti schalten
ŝanco Chance, Gelegenh.

ŝanĝi ändern, wechseln
ŝarĝi (be)laden
ŝati mögen
ŝerco Witz
ŝi sie (Einzahl)
ŝildo Schild
ŝipo Schiff
ŝiri reißen
ŝlosi abschließen
ŝovi schieben
ŝpari sparen
ŝranko Schrank
ŝtato Staat
ŝteli stehlen
ŝtupo Stufe
ŝtono Stein
ŝultro Schulter
ŝuo Schuh
ŝviti schwitzen

T

tablo Tisch
tago Tag
taksio Taxi
tamen dennoch
tapiŝo Teppich
tasko Aufgabe
taso Tasse
taŭga tauglich
teatro Theater
tegmento Dach
tekniko Technik
teksto Text
telefono Telefon
telero Teller
televido Fernsehen
temo Thema
tempo Zeit
tendo Zelt
teni halten
teo Tee
tero Erde
teruro Schrecken
tial deshalb
tiam dann
tie dort
tiel so
ties dessen
timi fürchten
tio das
tiom so (viel)
tiri ziehen
tiu diese/r/s
toleri tolerieren
tra durch
traduki übersetzen
trafi treffen (Ziel)
traino Zug
trakti behandeln
tranĉi schneiden
trankvila ruhig
trans jenseits
tre sehr
tremi zittern
tri drei
trinki trinken
tro zu (sehr)
trompi betrügen, täuschen
trovi finden
truko Trick
truo Loch
tuj sofort
tuko Tuch
turisto Turist
turmenti quälen
turni drehen
turo Turm
tuŝi berühren
tuta ganz

U

universitato Universität
unu eins
urbo Stadt
urĝi drängen
utila nützlich
uzi benutzen

V

valida gültig
valizo Koffer
valo Tal
valori wert sein, gelten
vana vergebens
varbi werben
varma warm
vasta weit, breit
vegetara vegetarisch
veki wecken
vendi verkaufen
venĝi rächen
veni kommen
venki (be)siegen
vento Wind
ventro Bauch
vera wahr, wirklich
vespero Abend
vesti kleiden
vetero Wetter
veti wetten
veturi fahren
vi du, ihr
viando Fleisch
vidi sehen
vigla lebhaft
vilaĝo Dorf
vino Wein
viro Mann

viŝi wischen
vivi leben
vizaĝo Gesicht
viziti besuchen
vizo Visum
voĉo Stimme
vojaĝi reisen
vojo Weg
voki rufen
voli wollen
vomi kotzen
vorto Wort

Z

zoo Zoo
zono Gürtel, Zone
zorgi sorgen

Die Autoren

Klaus Dahmann, geboren 1969 in Oberhausen, hat Esperanto 1987 gelernt und in den folgenden zehn Jahren im In- und Ausland Sprachkurse veranstaltet, Treffen organisiert und Nachwuchskräfte trainiert. Seine Esperanto-Reisen haben ihn besonders häufig nach Ost- und Südosteuropa geführt. Nach seinem Slavistik-Studium hat er eine journalistische Laufbahn eingeschlagen und arbeitet seit 2000 als Hörfunkredakteur.

Thomas Pusch, geboren 1965 in Recklinghausen, spricht Esperanto bereits seit seinem 13. Lebensjahr. Er war Vorstandsmitglied der Deutschen Esperanto-Jugend, hat in dieser Zeit mehrere internationale Veranstaltungen organisiert, war Redakteur einer Esperanto-Zeitschrift, gab zahlreiche Intensivkurse und leitete die ehemalige Geschäftsstelle der Deutschen Esperanto-Jugend in Bonn. Heute ist er als Arzt tätig.